Persönlichkeits-typologie

Instrument der Mitarbeiterführung

Mit Persönlichkeitstest

Von
Professor
Dr. Hans Jung

2., erweiterte Auflage

R. Oldenbourg Verlag München Wien

Die Deutsche Bibliothek - CIP-Einheitsaufnahme

Jung, Hans:
Persönlichkeitstypologie : Instrument der Mitarbeiterführung ; mit Persönlichkeitstest / von Hans Jung. – 2., erw. Aufl., - München ; Wien : Oldenbourg, 2000
ISBN 3-486-25417-0

Rosenheimer Straße 145, D-81671 München
Telefon: (089) 45051-0, Internet: http://www.oldenbourg.de

Gedruckt auf säure- und chlorfreiem Papier
Gesamtherstellung: MB Verlagsdruck, Schrobenhausen

ISBN 3-486-25417-0

INHALTSVERZEICHNIS

VORWORT

Die veränderten Bedürfnisstrukturen des arbeitenden Menschen, der Arbeitsmarkt, die gewandelte wirtschaftliche und gesellschaftliche Situation, all dies zwingt jeden Betrieb und jede Führungskraft, sich intensiv mit den Mitarbeitern aber auch mit sich selbst zu befassen.

Um diesem Anspruch gerecht zu werden, muß die Führungskraft ihre Menschenkenntnis verbessern, will sie den Menschen im Betrieb gerechter werden. Bessere Menschenkenntnis der Führungskraft heißt aber auch, bei der Wahl neuer Mitarbeiter urteilsfähiger zu werden sowie bei Beförderungen von Mitarbeitern diejenigen herauszufinden, die am besten für die neue Position geeignet sind.

Dieses Buch soll der Führungskraft die Möglichkeit geben, ihre Menschenkenntnis mit Hilfe der Persönlichkeitstypologie zu verbessern. Als eine moderne und praxisnahe Methode hat sich die Persönlichkeitstypologie von Riemann erwiesen.
Fritz Riemann hat eine psychoanalytische Studie über die möglichen Charaktere von Menschen angefertigt. Er unterscheidet vier Charaktere, schizoid, depressiv, zwanghaft und hysterisch, die er aus Krankheitsbildern abgeleitet und an Beispielen verdeutlicht hat. Die Entstehungsgeschichte und die detaillierte Beschreibung der einzelnen Charaktere geben ein genaues Typenbild ab.

In der Literatur wird Riemann als ein Schüler von Schulz-Hencke angesehen, da er die wissenschaftlich fundierten Ergebnisse der Charakterformen von Schulz-Hencke übernommen und erweitert hat. Eine Aktualisierung erhält die riemannsche Typologie durch Karl König.

In diesem Buch wird zunächst die riemannsche Persönlichkeitstypologie in einer neu gegliederten Fassung dem interessierten Leser näher gebracht, so daß er die Charaktere leichter miteinander vergleichen kann. Darauf aufbauend wird die Bedeutung der Persönlichkeitstypologie für die Führungskraft veranschaulicht. Die Einschätzung der Leistungsfähigkeit der einzelnen Persönlichkeitstypen und das Modell der Mitarbeit sollen der Führungskraft die Möglichkeit geben, sich selbst besser einzuschätzen, das eigene Verhalten in typischen Situationen objektiver zu beurteilen sowie das Entwicklungspotential ihrer Mitarbeiter zu steigern.

Vorwort zur 2. Auflage

Nach dem die 1. Auflage sehr schnell vergriffen war, habe ich mich entschlossen die erfolgreiche Konzeption des Buches beizubehalten. Auf vielfachen Wunsch habe ich im Anhang zusatzlich einen Persönlichkeitstest beigefügt, aus dem der eigene Charaktertyp ermittelbar ist.

Mein Dank gilt allen StudentInnen, KollegInnen und PraktikerInnen, die an dem Test teilgenommen und wertvolle Anregungen gegeben haben. Dem Lektor des Verlages Herrn Dipl.-Volksw. Weigert, danke ich wiederum für die gute und vertrauensvolle Zusammenarbeit.

Hans Jung

A. Einleitung und psychoanalytische Grundlagen

Da die Persönlichkeitstypologie von Riemann auf den Grundformen der Angst beruht, erfolgt zunächst eine Auseinandersetzung mit dem Wesen der Angst, um darauf aufbauend die vier Persönlichkeitstypen mit Hilfe eines Modells abzuleiten.
Es werden vier Grundängste unterschieden, deren jeweilige besonders ausgeprägte Akzentuierung zu einem bestimmten Persönlichkeitstyp führt.

1. Das Wesen der Angst

Die Angst ist ein fester Bestandteil in unserem Leben. Sie spiegelt unsere Abhängigkeiten und das Wissen um unsere Sterblichkeit wieder. Die Menschheit versucht daher seit frühester Zeit, die Angst bzw. ihre verschiedensten Variationen mit Hilfe von Magie, Religion und Wissenschaft, aber auch mit der Erforschung der Naturgesetze und mittels philosophischer Erkenntnisse zu bewältigen und zu überwinden. Trotz aller Mittel und Methoden läßt sich die Angst jedoch nicht aus unserem Leben vertreiben. Sie leisten nur Hilfestellung im Umgang mit der Angst bzw. bei dem Versuch sie zu besiegen und für die eigene Entwicklung nützlich zu machen.

Die Angst ist etwas Abstraktes und jeder Mensch erlebt seine persönliche Form der Angst. Angst besitzt einen Doppelaspekt: sie kann aktiv machen aber auch lähmen, z.B. lähmende Angst vor Prüfungen oder das aktive Weglaufen vor Gefahren.[1]

Der Versuch, die Angst anzunehmen, bedeutet einen Schritt in Richtung ihrer Überwindung. Die Verdrängung der Angst bzw. die Weigerung die Angstschranke zu überwinden, führt zur Stagnierung der Weiterentwicklung des Menschen. Es wird deutlich, daß jede Weiterentwicklung von der Auseinandersetzung und Bewältigung von Ängsten abhängig ist.

[1] Die Grenze zwischen normaler Angst und krankhafter Angst zu erkennen, ist nicht einfach. Übergroße Angst ist aber immer ein Zeichen dafür, daß etwas nicht stimmt.

Riemann spricht in diesem Zusammenhang von "alters- und entwicklungsgemäßen Ängsten"[2], die jeder Mensch durchmacht und überwinden muß: die ersten Gehversuche oder der Schulanfang, die Pubertät oder die ersten sexuellen Begegnungen, der Berufs- und Karrierestart sowie die Gründung einer Familie. Die Bewältigung dieser Situationen und die damit verbundenen Ängste fördern den menschlichen Reifeprozess. Neben diesen allgemeinen Ängsten, die leicht nachvollziehbar sind, existieren aber noch tiefergehende individuelle Angstformen, die nicht für jeden verständlich sind.

"So kann bei dem einen Einsamkeit schwere Angst auslösen, bei dem anderen Menschenansammlungen; ein dritter bekommt Angstanfälle, wenn er über eine Brücke oder einen freien Platz geht... ."[3]

Riemann hat festgestellt, daß sich alle überhaupt möglichen Ängste auf ganz bestimmte Angstformen zurückführen lassen, die er als die "vier Grundformen der Angst" bezeichnet. Die Grundformen und die daraus resultierenden Charaktere werden an dem folgenden Modell verdeutlicht.

2. Das Ausgangsmodell

Der Mensch lebt auf einer Erde, die vier Gesetzmäßigkeiten folgt: Die Erde umkreist in einem bestimmten Rhythmus die Sonne: Diese Bewegung wird als Revolution, "Umwälzung", bezeichnet. Gleichzeitig dreht sich die Erde um ihre eigene Achse, führt also eine Rotation, "Eigendrehung", aus. Das Funktionieren dieser beiden Bewegungen setzt zwei weitere gegensätzliche Impulse voraus: die Schwerkraft und die Fliehkraft. Die Schwerkraft hält unsere Welt zusammen, richtet sie zentripetal nach innen, zur Mitte strebend, aus. Die Fliehkraft strebt zentrifugal, die Mitte fliehend, nach außen.

Nur wenn alle vier Gesetzmäßigkeiten in einem ausgewogenen Verhältnis zueinander stehen, kann die Ordnung des Ganzen garantiert werden. Überwiegt ein Impuls oder fällt ein Impuls weg, wandelt sich die Ordnung ins Chaos um.

---

[2] Vgl. Riemann, Fritz: Grundformen der Angst, Eine tiefenpsychologische Studie, München 1981, S. 7f
[3] Vgl. Riemann, Fritz, a.a.O., S. 10

Es gibt also zwei gegensätzliche Kräftepaare, ohne die keine Ordnung enstehen kann:

- Revolution und Eigenrotation
- Schwerkraft und Fliehkraft

Riemann geht davon aus, daß der Mensch als winziges Teilchen dieses Systems analogen Gesetzmäßigkeiten unterworfen ist und die Impulse als unbewußte Triebkräfte und zugleich als latente Forderung in sich trägt.

So entspricht der Rotation (Eigendrehung) die Forderung nach Individualität und der Revolution (Bewegung um die Sonne) die Forderung, sich einzuordnen und die Unterordnung in ein größeres Ganzes. Hier werden die gegensätzlichen Ansprüche der beiden Forderungen deutlich.

Auch die Forderungen aus den anderen beiden Kräften stehen im Gegensatz zueinander. Dem Zentripetalen (Schwerkraft) entspricht auf der seelischen Ebene der Impuls nach Dauer und Beständigkeit. Dagegen fordert die Fliehkraft (Zentrifugalkraft) stetige Veränderung und Wandlung.

3. Die vier Grundformen der Angst

Riemann leitet seine Grundformen der Angst nach folgendem Grundsatz ab:
Strebt der Mensch innerhalb eines Kräftepaares besonders nach einer Forderung, geschieht dies aus Angst vor der gegensätzlichen Forderung.

3.1 Die Angst vor Selbsthingabe

Bei der Eigendrehung (Rotation) handelt es sich um die Forderung nach Individualität, nach der Entwicklung zu einem unverwechselbaren Menschen. Kommt der Mensch dieser Forderung nach, hat er zugleich Angst, die Geborgenheit und das Zugehörigkeitsgefühl zur Gemeinschaft zu verlieren, indem er sich zu sehr von ihr unterscheidet. Merksatz:

Aus der Forderung nach Individualität entsteht die erste Grundform der Angst, die Angst vor der Selbsthingabe, die als Ich-Verlust und Abhängigkeit empfunden wird.

3.2 Die Angst vor Selbstwerdung

Hierbei handelt es sich um die Forderung, die Persönlichkeit einem übergeordneten Ganzen unterzuordnen, sich den Mitmenschen zu öffnen. Damit verbunden ist die Angst des Menschen, sich selbst weiterzuentwickeln. Merksatz:

Aus der Forderung, unsere Persönlichkeit einem übergeordneten Ganzen unterzuordnen, entsteht die zweite Grundform der Angst, die Angst vor der Selbstwerdung, weil sie als Einsamkeit und Isolation empfunden wird.

Es wird deutlich, zwischen welchen Gegensätzen sich der Mensch entwickeln muß und welches Konfliktpotential er in sich trägt. Zum einen die Forderung "Selbst zu werden" und zum anderen die Forderung nach Selbsthingabe.

3.3 Die Angst vor Wandlung

Die Schwerkraft fordert von den Menschen, die Dauer anzustreben, d.h. in die Zukunft zu planen und zielstrebig zu sein. Sie treibt uns zum Handeln, um unsere Ziele zu verwirklichen. Gleichzeitig sind mit dieser Forderung alle Ängste gegeben, die mit dem Wissen um die Vergänglichkeit, um unsere Abhängigkeit und um die irrationale Unberechenbarkeit unseres Daseins zusammenhängen. Damit wird deutlich, daß der Forderung nach Dauer und Beständigkeit die Angst vor Wandlung, vor dem Neuen, entspricht. Merksatz:

Aus der Forderung nach Dauer entsteht die dritte Grundform der Angst, die Angst vor der Wandlung, weil sie als Vergänglichkeit und Unsicherheit empfunden wird.

3.4 Die Angst vor der Ordnung und Notwendigkeit

Bei dieser Angstform handelt es sich um die Forderung nach der Bereitschaft, uns zu verändern. Diese Forderung nach Weiterentwicklung beinhaltet die Angst vor Ordnungen, Gesetzen und Gewohnheiten, Angst davor, in seinen Möglichkeiten eingeengt und begrenzt zu werden. Merksatz:

Aus der Forderung nach der Bereitschaft sich zu wandeln, entsteht die vierte Grundform der Angst, die Angst vor der Ordnung und Notwendigkeit, weil sie als Endgültigkeit und Unfreiheit empfunden werden.

3.5 Zusammenfassung der vier Grundformen der Angst

Folgende vier Angstformen wurden aufgeführt:[4]

1. Die Angst vor der Selbsthingabe, als Ich-Verlust und Abhängigkeit erlebt.
2. Die Angst vor der Selbstwerdung, als Ungeborgenheit und Isolierung erlebt.
3. Die Angst vor Wandlung, als Vergänglichkeit und Unsicherheit erlebt.
4. Die Angst vor der Notwendigkeit, als Endgültigkeit und Unfreiheit erlebt.

In den ersten beiden Grundformen wurden zwei gegensätzliche Ängste beschrieben: einerseits soll die Angst vor der Selbsthingabe und andererseits die Angst vor der Selbstwerdung überwunden werden.

Das Leben stellt zwei Forderungen an den Menschen, die in Konkurrenz zueinander stehen. Je mehr der Mensch der Forderung nach Selbstwerdung nachkommt und die damit verbundene Angst überwindet, desto weniger kann er die Forderung nach Selbsthingabe erfüllen und umso mehr Angst hat er vor ihr. Auch die anderen beiden Formen stehen konträr zueinander und erzeugen im Menschen den Drang nach Ordnung und Dauer sowie nach Veränderung.

Es entsteht nur dann eine lebendige Ordnung, wenn die gegensätzlichen Kräftepaare im Gleichgewicht sind.
Analog dazu kann dieses Gleichgewicht nur funktionieren, wenn der Mensch versucht, sich den entgegengesetzt wirkenden Kräften anzupassen und mit ihnen zu leben. Ein solches Gleichgewicht ist nicht statischer, sondern dynamischer Natur.
Gesund im Sinne von seelischer Gesundheit ist ein Mensch nur dann, wenn er die vier Impulse in lebendiger Ausgewogenheit zu leben versteht.

---

[4] Vgl. Riemann, Fritz, a.a.O., S. 15

4. Die Charaktertypologie von Riemann

Die Familie, die Gesellschaft sowie die erblichen Anlagen können in dem Menschen Ängste hervorrufen oder ihre Entstehung verhindern. Ein sich gesund entwickelnder Mensch wird mit seinen Ängsten umgehen und sie auch überwinden bzw. verarbeiten können. Der in seiner Entwicklung gestörte Mensch dagegen wird häufiger und intensiver Ängste erleben, wobei eine Grundform überwiegen wird. Das Übergewicht einer Grundform kann durch langes Andauern oder eine hohe Intensität der Angst entstehen.

Im Kindesalter ist die Gefahr des Übergewichts einer Angstform besonders gegeben, da das Kind noch keine Abwehrkräfte gegen die Angst entwickeln kann. "Das schwache, in der Entwicklung begriffene Ich des Kindes kann gewisse Angstquantitäten noch nicht verarbeiten; es ist dafür auf Hilfe von außen angewiesen und wird Schädigungen davontragen, wenn es mit solchen übergroßen Ängsten alleingelassen wird."[5] Ein Erwachsener kann den Auslöser seiner Angst entdecken und Gegenkräfte entwickeln.

Aus jeder der vier Grundformen der Angst entsteht analog eine Persönlichkeitsstruktur, je nachdem, welche Angstform besonders stark ausgeprägt ist. Die vier Persönlichkeitsstrukturen sind Normalstrukturen, die bei dem einzelnen Menschen unterschiedlich stark akzentuiert sein können. Wird eine Akzentuierung in ausgesprochener Einseitigkeit gelebt, kann es in der Endstufe zu einer der vier großen Neuroseformen führen:

- der Schizophrenie,
- der Depression,
- der Zwangsneurose
- der Hysterie.

Nach Riemann sind unter den Persönlichkeitsstrukturen die "gesunden" und die neurotischen Formen zusammengefaßt, um neben der lebensgeschichtlichen Entstehung direkt die neurotische Variante zu betrachten. Die Persönlichkeitsstrukturen nehmen bei Riemann den Charakter einer Typenlehre an, wobei er darauf aufmerksam macht, daß die menschliche Entwicklung zwar von einigen Faktoren abhängig ist, aber in gewissen Grenzen durch den Menschen selbst gestaltet und verändert werden kann.

[5] Vgl. Riemann, Fritz, a.a.O., S. 17

Eine Persönlichkeitsstruktur an sich hat nichts Krankhaftes. Jeder kann sich einer dieser Strukturen zuordnen. Der Übergang vom Gesunden zum Kranken erfolgt jedoch kontinuierlich. Wenige Menschen sind definitiv nur einer Struktur zuzuordnen, meistens liegen Kombinationen vor.

In der folgenden Grafik wird der Zusammenhang zwischen den Forderungen aus dem Modell und den damit verbundenen Grundformen der Angst auf der einen Seite und den sich daraus ergebenden Persönlichkeitsstrukturen auf der anderen Seite dargestellt.

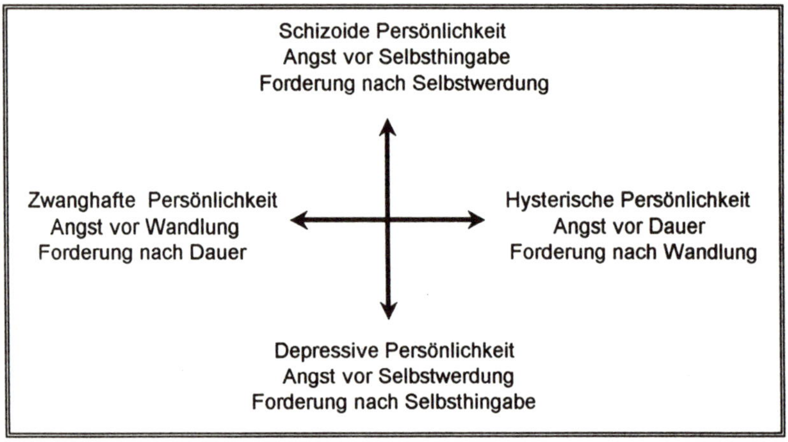

Abb. 1 Die Grundformen derAngst und die abgeleiteten Persönlichkeitsstrukturen

Das Grundproblem der schizoiden Persönlichkeit ist ihre Angst vor Nähe. Umgekehrt hat der Depressive Angst vor Entfernung und dem Alleingelassenwerden. Die zwanghafte Persönlichkeit hat Angst vor Veränderungen und bevorzugt die Beständigkeit, die wiederum bei der hysterischen Persönlichkeit große Angst und die zugeordneten Verhaltensweisen auslöst.

Für eine gesunde Persönlichkeitsentwicklung ist es ideal, wenn die Grundimpulse aller vier Strukturen in einem ausgewogenen Verhältnis zueinanderstehen.

B. Die vier Persönlichkeitstypen

1. Die schizoide Persönlichkeit

Die Angst vor der Selbsthingabe zu den Mitmenschen zwingt die schizoide Person, die Selbstbewahrung und Ich-Abgrenzung in ihrem Leben in den Vordergrund zu stellen. Die Akzentuierung der Selbstbewahrung und Ich-Abgrenzung kann in verschieden starken Stufen bis hin zur Krankheitsform "Schizophrenie" auftreten.

1.1 Verhaltensweisen

Wie wird sich ein Mensch verhalten, der die Selbsthingabe vermeidet und sich nur der Selbstbewahrung hingibt?

Dieser Mensch besitzt einen starken Drang nach Autarkie und Unabhängigkeit. Im Kontakt mit der Umwelt wird sich der schizoide Mensch eher unpersönlich verhalten und distanziert auftreten.

Wird diese Distanz gefährdet, indem sich ihm jemand nähert, wehrt er sich mit verletzendem Verhalten, um sich seinen typischen Ängsten vor mitmenschlicher Nähe nicht aussetzen zu müssen. "Oft erscheinen sie seltsam, absonderlich, in ihren Reaktionen unverständlich oder befremdend." [6]

Aus der Distanziertheit und den damit verbundenen Problemen für den schizoiden Menschen und seine Mitmenschen leiten sich die Verhaltensweisen ab, die in den folgenden Kapiteln beschrieben werden.

- **Verhalten in der Liebe**

Jede Partnerschaft sollte auf gegenseitigem Vertrauen aufgebaut sein, d.h. jeder Partner sollte in der Lage sein, sich dem anderen zu öffnen und sich gleichzeitig als Individuum zu behaupten, sich nicht aufzugeben.Die schizoide Persönlichkeit ist nicht fähig, sich dem Partner anzuvertrauen.

---

[6] Vgl. Riemann, Fritz, a.a.O., S. 21.
vgl. König, Karl, Kleine psychoanalytische Charakterkunde, Göttingen 1992, S. 20f.

Weiterhin fehlen ihr aufgrund ihrer Distanziertheit im Umgang mit der Gesellschaft die "Mitteltöne", d.h. sie besitzt wenig Einfühlungsvermögen und ist in ihren Ausdrucksweisen sehr extrem. Er besitzt weder die "werbende-erobernde" noch die "verführende-hingebende" Seite. Es stellt sich die Frage, wie die Bedürfnisse nach Zärtlichkeit und Liebe befriedigt werden sollen.

Der schizoide Mensch löst den Konflikt zwischen der Angst vor mitmenschlicher Nähe und seinen Bedürfnissen, indem er leicht zu lösende Partnerschaften eingeht. Viele dieser Beziehungen sind rein sexueller Natur. Die Sexualität des schizoiden Menschen spaltet sich von seinem Gefühlsleben ab. Der Partner wird nur zur Befriedigung der sexuellen Bedürfnisse benutzt, d.h. zum "Sexualobjekt" degradiert. "Nachher - gemeint ist der Geschlechtsakt - hätte ich sie am liebsten rausgeworfen."[7]

Dieser Ausspruch ist charakteristisch für die Spaltung zwischen Sexualität und Gefühlsleben. Der schizoide Mensch hat Angst vor Gefühlsansprüchen.
Die Wahl geschlechtlich unreifer Kinder oder Jugendlicher als Sexualpartner steht mit diesem Charakterzug in Zusammenhang. Die schizoide Persönlichkeit kann ihre Sexualität ohne Angst vor Gefühlsansprüchen des Kindes ausleben, da sie mit kindlichem Vertrauen rechnet.

Ist es dem Schizoiden nicht möglich, eine Partnerschaft zu führen, wird er auf Onanie oder Perversion zurückgreifen. Es gibt jedoch auch schizoide Menschen, die immer neue Liebesbeweise von ihren Partnern verlangen, um so ihre Zweifel bezüglich der eigenen Liebesfähigkeit zu zerstreuen. Dieses Verhalten kann sehr destruktiv werden.

Liebesbeweise und Zeichen der Zuneigung des Partners werden abgewertet, bagatellisiert, analysiert, angezweifelt oder in geschickter Weise umgedeutet. So wird z.B. eine spontane Zuwendung des anderen als Ausdruck eines schlechten Gewissens, von Schuldgefühlen oder als Bestechungsversuch gedeutet. Jedes zärtliche Verhalten wird durch den Zynismus im Keim erstickt, so daß systematisch alle Liebesbereitschaft des Partners zerstört wird. Dieser Zynismus wird durch die Enttäuschungsprophylaxe motiviert, d.h. die Angst vor Enttäuschung seitens des Partners steigert sich, je enger und intensiver die Beziehung wird.

Ab einem gewissen Punkt kann die Angst so groß sein, daß der schizoide Mensch die Enttäuschung grundlos selbst herbeiführt, um zumindest der Handelnde und nicht der Erleidende zu sein.

[7] Vgl. Riemann, Fritz, a.a.O., S. 26f.

Versucht der Partner die Distanz zum schizoiden Menschen zu durchbrechen, steigert sich dessen Angst vor menschlicher Nähe. Es kommt zu unverständlichen Reaktionen, die alle das Ziel haben, der Angst entgegenzuwirken.

Akzeptiert der Partner jedoch die Distanz und versteht es, mit ihr umzugehen, kann es zu einer dauerhaften Beziehung kommen, in der ihm der schizoide Mensch tiefe Zuneigung entgegenbringen wird, aber unfähig ist, diese zu zeigen oder zuzugeben.

- **Aggression**

Aggressionen, geboren aus Angst oder Unlust, äußern sich bei schizoiden Persönlichkeiten spontan, unkontrolliert und menschlich unbezogen. Oft sind sie rücksichtslos und ohne Schuldgefühle. Bei einem Kleinkind ist diese Form der Aggression vorherrschend, denn es erlebt die Angst als etwas Existenzgefährdendes.

Die Parallelen zum schizoiden Menschen sind offensichtlich. Dieser sieht in der zunehmenden menschlichen Nähe eine Existenzgefährdung. Mit der Abspaltung des Triebhaften und dem Fehlen der "Mitteltöne", reagiert der Schizoide wie das Kleinkind, rückhaltlos und unangemessen aggressiv, mit dem Ziel der Angst entgegenzuwirken. Er hat keine Vorstellungen über die Auswirkungen seiner Affekte und Aggressionen auf andere Menschen. Deshalb empfindet er keine Schuldgefühle, wenn er sich derart abreagiert.

Der Schritt zur Aggression als Selbstzweck, d.h. zum lustvollen Empfinden der Aggression, kann bei schizoiden Menschen sehr klein sein. Die Aggression kann aber neben Abwehrmaßnahme und Schutzfunktion auch als eine Kommunikationsform verstanden werden, vergleichbar mit dem frühpubertären Stadium eines Kindes, in dem es ihm noch leichter fällt, sein Interesse durch Schubsen usw. zu zeigen. In diesem Fall muß die Aggression eher als "Werbung" angesehen werden.

Es fällt dem schizoiden Menschen leichter, aggressiv zu sein statt Zuneigung zu zeigen. Auch hier wird wieder das Fehlen der Mitteltöne deutlich, da die Extremform "Aggression" als Kommunikationsmittel benutzt wird.

1.2 Gefühlswelt

Die schizoide Persönlichkeit ist in dem ganzheitlichen Erlebniszusammenhang ihrer seelischen Eindrücke, Antriebe und Reaktionen gespalten. Man spricht in diesem Fall von einer "gespaltenen Persönlichkeit".

Zwischen Verstand und Gefühl, zwischen Rationalität und Emotionalität, besteht ein großer Unterschied bezüglich des Reifegrades. Gefühlsabläufe und Verstandeserfahrung verschmelzen nicht zu einem einheitlichen Erleben. Die Überbetonung von Verstand und Rationalität läßt die schizoiden Menschen zu scharfen Beobachtern werden.

Grund des gespaltenen Empfindens ist die frühe Orientierung durch den Verstand und die Sinneswahrnehmung. Die mangelnde emotionale Zuwendung ist die Ursache für das Fehlen von Gefühlsnuancen und Einfühlungsvermögen. Folgende Situation soll einen Einblick in die Gefühlswelt dieser Menschen geben:

"Man befindet sich nachts alleine in einem fremden Haus und hört ständig unbekannte und bedrohliche Geräusche."[8] Hierbei handelt es sich um eine Ausnahmesituation, in der der "gesunde" Mensch Angst in dem Maße empfindet, wie sonst nur der schizoide Mensch. In Gesellschaft von vertrauten Personen ist die Situation nicht bedrohlich. Das ist das Grundproblem der schizoiden Persönlichkeit.

Für sie gibt es keine Gesellschaft von vertrauten Menschen. Sie lebt - von uns aus gesehen - immer in einer Ausnahmesituation. Den Tod fürchten diese Personen weniger und nehmen ihn unsentimental und stoisch hin. Erklärbar wird dieses Verhalten dadurch, daß sie gefühlsmäßig wenig in der Welt investiert haben und somit auch nur wenig verlieren können. Sie hängen an keinem Mitmenschen besonders stark, auch nicht an sich selbst.

1.3 Unsicherheiten

Durch die fehlende Selbsthingabe wächst die Kluft zwischen den schizoiden Persönlichkeiten und ihrer Umwelt. Die Welt erscheint ihnen blaß und farblos, d.h. sie hat für Schizophrene nichts Begehrenswertes. Das kann problematische Folgen haben. Durch die Entfernung zur mitmenschlichen Umwelt weiß der schizoid Veranlagte zu wenig von anderen Menschen, er wird unsicher im Umgang mit ihnen.

---

[8] Vgl. Riemann, Fritz, a.a.O., S. 52.

Diese Unsicherheit kann soweit gehen, daß der schizoide Mensch nicht mehr weiß, ob seine Wahrnehmung Wirklichkeit oder Einbildung ist. Vergleichbar ist dieser Zustand mit folgender Siuation:
"Man befindet sich in einem Zug, der in einem Bahnhof hält. Auf dem Nachbargleis steht ebenfalls ein Zug. Plötzlich bewegt sich einer der beiden Züge, man kann aber nicht sofort feststellen, welcher von beiden abfährt."[9]

Auf den schizophrenen Menschen bezogen bedeutet das, daß er nie genau weiß, ob seine Gefühle, Gedanken und Wahrnehmungen Wirklichkeit sind oder nur in seiner Einbildung existieren.

"Diese Unsicherheit kann alle Schweregrade annehmen, von immer wachem Mißtrauen und krankhafter Eigenbezüglichkeit bis hin zu eigentlich wahnhaften Einbildungen und Wahrnehmungstäuschungen, bei denen man dann innen und außen tatsächlich verwechselt, ohne daß die Verwechslung als solche erkannt wird, weil man nun seine Projektionen für Wirklichkeit hält."[10]

1.4 Intensitätsgrade schizoider Persönlichkeitsstrukturen

Wie schon erwähnt, kann man unter der "schizoiden Persönlichkeit" alle möglichen Akzentuierungen zusammenfassen. In der folgenden Skala sind die Akzentuierungen mit ansteigendem Schweregrad aufgeführt:

1. der Originelle und Phantasievolle
2. der Unabhängige und Selbständige
3. derjenige mit Distanz und fester Überzeugung
4. der Bindungsscheue, Ich-Betonte und Kontaktarme
5. der Verschlossene, der Einzelgänger und Kauz
6. der Außenseiter und Asoziale
7. der Psychopath

---

[9] Vgl. Schultz-Hencke, H., Lehrbuch der analytischen Psychotherapie, Stuttgart und New York 1951, S. 98.
[10] Vgl. Riemann, Fritz, a.a.O., S. 22.

1.5 Positive Eigenschaften

Die unter der schizoiden Persönlichkeit zusammengefaßten Akzentuierungsgrade zeigen, daß es sich bei einem geringen Grad um einen "normalen" Menschen mit einer tendenziellen schizophrenen Grundhaltung handelt.
Erst ab einem gewissen Grad erkrankt der Mensch an Schizophrenie. Von der Angst vor Nähe und Vertrauen und dem Bestreben, ein einmaliges Individuum zu werden, lassen sich die folgenden positiven Eigenschaften ableiten:

- phantasievoll und originell
- Mut zu sich selbst, selbstbewußt
- souveräne Selbständigkeit und Unabhängigkeit
- Mut zur Autonomie des Individuums
- scharfe Beobachtungsgabe
- affektlos-kühle Sachlichkeit
- kritisch und unbestechlich
- unabhängig von Dogmen und Tradition
- vertreten ihre Überzeugung klar und kompromißlos
- hat einen Blick für Schwächen anderer
- nicht bereit, Unechtes oder Fassadenhaftes gelten zu lassen
- unsentimental, ironisch-satirische Seite

1.6 Erklärungsansätze

Wie kann es zu einer schizoiden Persönlichkeitsentwicklung kommen?
Die Zeitspanne von der Geburt eines Menschen bis zu seinem Schuleintritt ist für ihn von herausragender Bedeutung.[11]
Wichtig sind also die sogenannten Umweltfaktoren. Neben den Umweltfaktoren spielen auch die Anlagefaktoren eine entscheidende Rolle.

---

[11] Den größten Einfluß auf die Entwicklung des Charakters haben die ersten fünf Lebensjahre. Der Charakter wandelt sich aber solange der Mensch lebt. In seinen Grundzügen wird er bereits in der Kindheit festgelegt. König, Karl, a.a.O., S.10.

Riemann gibt folgende Ansatzmöglichkeiten:

I. Anlagefaktoren des Kindes

a) zartsensible Anlage, große seelische Empfindsamkeit, Labilität und Verwundbarkeit.

Bei dieser Anlage braucht der Mensch als Selbstschutz eine Distanz zwischen seinem Ich und der Umwelt, um der Welt und dem Leben gewachsen zu sein.

b) intensive motorisch-expansive, aggressiv-triebhafte Anlage, geringe Bindungsneigung oder -fähigkeit.

Ein Mensch mit einer solchen Anlage wird schon früh als störend und lästig empfunden. Er wird abgelehnt, zurechtgewiesen und nicht angenommen. Aufgrund ihrer Erfahrungen entwickelt diese Person ein Mißtrauen gegenüber ihrer Umwelt und zieht sich von ihr zurück.

c) Körperliche und sonstige Wesensmerkmale des Kindes.

Im weiteren Sinn wird dieser Ansatz zu den Anlagefaktoren gezählt, da die Wesensmerkmale dem Kindes als Anlage zuzurechnen sind. Als Wesensmerkmale sind z.B. das Geschlecht des Kindes und körperliche oder geistige Behinderungen anzusehen. Hierbei ist wichtig, wie die Umwelt mit der Behinderung des Kindes umgeht.

Es besteht die Möglichkeit, daß die Eltern von den Wesensmerkmalen des Kindes enttäuscht sind und es ihnen schwer fällt, dem Kind Zuwendung und Liebe zu geben. Es wird deutlich, daß die Umweltfaktoren als Auslöser schizoider Persönlichkeitsentwicklung eine wichtige Stellung einnehmen.

II. Umweltfaktoren

Nach Riemann sind die Umweltfaktoren die "bedeutendsten Auslöser"[12], da sie die Anlagefaktoren derart verstärken können, daß es zu der Entwicklung einer schizoiden Per-

[12] Ob Anlagefaktoren oder Umweltfaktoren bei der Entstehung der Persönlichkeitsstrukturen eine größere Rolle spielen, ist nach wie vor umstritten, vgl. König, Karl, a.a.O., S. 12f.

sönlichkeit kommen kann. Die Reaktion der Umwelt trägt dafür mehr Verantwortung als die Anlage selbst.

Damit sich das Kind vertrauend den Mitmenschen zuwenden kann, müssen ihm diese vertrauenerweckend und annehmbar erscheinen.

Für die Entwicklung des Kindes ist neben der Säuglingspflege auch emotionale Wärme, liebende Zuwendung, ein angemessenes Maß an Reizen und an Ruhe sowie eine gewisse Stabilität des Lebensraumes notwendig.

Riemann unterscheidet zwischen zwei extremen Umwelteinflüssen:

- Mangel an Zuneigung,
- Reizüberangebot.

Erhält das Kind einerseits zuwenig liebende Zuwendung oder andererseits zuviele Reize, wird es von der Umwelt abgeschreckt und überfordert. Beide Faktoren haben denselben Effekt. Das Kind wird sich vor der Umwelt verschließen, da es nicht genügend Vertrauen ihr gegenüber aufgebaut hat.

Situationen, die das Kind überfordern, werden von ihm nur selektiv wahrgenommen, um eine größere Einwirkung zu vermeiden. Das Kind lernt schon früh, sich durch Verstand und Sinneswahrnehmungen gegen die Umwelt zu schützen. Die Weichen für eine schizoide Persönlichkeitsentwicklung sind gestellt.

1.7 Träume

Anhand von Träumen werden Konflikte, abgespaltene Persönlichkeitsanteile und Gefühlsbereiche wahrgenommen, die bislang verdrängt wurden[13]. Die Träume des schizoiden Menschen werden immer die Distanz zu den Mitmenschen und das Autarkiestreben als Thema beinhalten. Der Trauminhalt läßt sich auf das Grundproblem der schizoiden Persönlichkeit zurückführen.

---

[13] Vgl. Flöttmann, H.B., Angst - Ursprung und Überwindung, Stuttgart, Berlin und Köln 1989, S. 74.

"Ich befinde mich auf einer großen rotierenden Scheibe, wie ein Teufelsrad, das schneller und schneller kreist; ich kann mich kaum noch halten, rutsche dem äußeren Rand immer näher und kann jeden Augenblick ins Nichts hinausgeschleudert werden."

"...eine Festung aus Zementmauern mit wenigen kleinen Gucklöchern in einer riesigen Sandwüste; die Festung ist schwer bewaffnet und mit Lebensmitteln für Jahre ausgestattet; ich bewohne sie allein".

"...eine öde Schneelandschaft; im Hintergrund ein paar abgeknickte Bäume, im Vordergrund eine kleine Wanne mit warmen Wasser; ich fühle mich sehr einsam."[14]

In diesen Träumen drücken schizoide Personen ihr Lebensgefühl aus. Im ersten Traum wird eine Art Weltuntergangsstimmung beschrieben, die der schizoide Mensch erlebt,da die Welt für ihn blaß und farblos ist. Im zweiten Traum wird neben der Weltuntergangsstimmung noch Einsamkeit, Angstabwehr und Autarkiebedürfnis deutlich. Der dritte Traum zeigt neben der blassen und trostlosen Umwelt wieder die Einsamkeit. Es ist fraglich, ob schizoide Menschen den wahren Grund für ihre Einsamkeit erkennen, denn sie wird erst durch die Distanz zur Umwelt und das Nichtteilhaben an ihr erzeugt.

1.8 Berufe

Der schizoide Mensch wird durch seine Angst vor Nähe den Kontakt mit den Mitmenschen in seinem Beruf vermeiden. Oft wendet er sich im Beruf der Erforschung der Tiere, Pflanzen oder naturwissenschaftlichen Gebieten zu.

Ihr Interesse ist eher sachlich und betont objektiv, verbunden mit einer scharfen Beobachtungsgabe. Sie sind meist in theoretisch- abstrakten Berufen zu finden. Berufe wie Kernphysiker, Mathematiker und Astronom werden bevorzugt. Vielfach sind unter ihnen auch Psychologen, Psychiater und Philosophen zu finden, vielleicht als eine Art unbewußte Selbsthilfe. Diese Menschen sind in der Regel eher Theoretiker als Praktiker.

Der Religion gegenüber sind sie skeptisch, oft sogar zynisch. Sie verhalten sich kritisch in bezug auf Riten und Traditionen. In der Politik neigen sie zu extremen Haltungen, entweder Radikalismus oder totales politisches Desinteresse.

[14] Vgl. Riemann, Fritz, a.a.O., S. 49.

In der Kunst liegt ihnen die abstrakte ungegenständliche Kunst. Sie stellen damit ihr eigenes Leben verschlüsselt und symbolisch dar. Einerseits sind sie Künstler mit einem eigenwilligen, unkonventionellen, originellen aber auch manchmal zurückweisenden Stil,andererseits sind sie Kritiker, Satiriker und Karikaturisten, die mit Schärfe über andere urteilen. Sie können Auslöser großer Umschwünge und Veränderungen sein. Sie nehmen Dinge wahr, die von anderen nicht gesehen werden und vertreten sie klar und kompromißlos.

2. Die depressive Persönlichkeit

Im Gegensatz zur schizoiden Persönlichkeit hat der Depressive Angst vor der Ich-Werdung, d.h. Angst, ein einmaliges Individuum zu werden. Er ordnet sich, gemäß der zweiten Forderung, in ein übergeordnetes Ganzes ein.

Für den depressiven Menschen bedeutet Individualität und die Unabhängigkeit von anderen Menschen Einsamkeit und Isolation. Er lebt nicht sich selbst, sondern lebt durch andere Menschen.

2.1 Verhaltensweisen

Wie verhält sich ein Mensch, der die Ich-Werdung vermeidet und somit sein Ich größtenteils aufgibt und der versucht, sich in der Beziehung zu seinem Partner zu behaupten?

Es ergibt sich folgendes Problem: Das liebende-sich-hingeben-wollen ist an einen Partner gebunden. Es handelt sich um ein Abhängigkeitsverhältnis. Diese Abhängigkeit ist das charakteristische Grundproblem der depressiven Persönlichkeit. Sie benötigen den anderen, um ihre Liebesfähigkeit und Liebesbereitschaft zu zeigen und um ihr Bedürfnis nach Liebe zu stillen. Die Abhängigkeit, die von der depressiven Persönlichkeit mit Sicherheit gleichgesetzt wird, taucht in zwei Varianten auf.

1. Die depressive Persönlichkeit verhält sich kindlich-hilflos und schafft das Abhängigkeitsverhältnis selbst.
2. Die depressive Persönlichkeit macht den Partner zum Kind und so zum Abhängigen.

Innerhalb dieser Varianten versucht der Depressive, die trennende Distanz zwischen sich und dem Partner so weit wie möglich aufzuheben. Das kann durch völlige Identifikation mit dem anderen erreicht werden.

Jede Weiterentwicklung des eigenen Ichs oder der Selbständigkeit des Partners bedeutet ein Entfernen von ihm. Bewußt erlebt wird dabei nur die Verlustangst und nicht das eigentliche Problem: die Angst vor Individualität. Alle Spannungen innerhalb der Beziehung werden vermieden, um es zu keiner Entfremdung kommen zu lassen.

Der Partner wird überbewertet, idealisiert und seine Schwächen verharmlost. Der depressive Mensch ist naiv veranlagt und betreibt die Vogel-Strauß-Politik, indem er die Augen vor allem verschließt und nur an das Gute im Menschen glaubt.

Um den Partner zufriedenzustellen, bedient sich der Depressive der Tugenden wie z.B. Bescheidenheit, Verzichtbereitschaft, Friedfertigkeit, Selbstlosigkeit, Mitgefühl und Mitleid.

Durch das Aufgeben eigener Wünsche und durch den Verzicht auf Selbständigkeit, soll das Auftreten der Verlustangst und der Angst vor Einsamkeit verhindert werden. Es entsteht ein Teufelskreis, der nur durchbrochen werden kann, wenn der Depressive von sich aus Eigenständigkeit entwickelt und sich das Abhängigkeitsverhältnis in eine gleichberechtigte Beziehung wandelt. In schwierigen Fällen ist therapeutische Hilfe notwendig.

Eine weitere typische Verhaltensweise dieser Menschen, begründet in der Selbstaufgabe, ist ihre passive Erwartungshaltung. Sie hoffen, daß ihre Wünsche und Erwartungen von anderen als Belohnung für ihre Bescheidenheit erfüllt werden. Sie haben nicht gelernt, ihre Wünsche selbst zu befriedigen."Sie können nicht fordern, etwas sich nehmen; sie können nicht gesund aggressiv sein, und all das wirkt sich zusätzlich so aus, daß sie ein geringes Selbstwertgefühl entwickeln, das nun seinerseits wieder den Mut zum Zupacken und Fordern schwächt."[15]

Um das Defizit des Nicht-Nehmen-Könnens auszugleichen, besitzen depressive Menschen eine Enttäuschungsprophylaxe: Sie werten die Dinge, die sie gerne hätten oder machen würden, als nicht erstrebenswert ab. Zwar schützen sie sich so vor der Enttäuschung, den eigentlichen Wunsch nicht erfüllt zu bekommen, die Kehrseite ist jedoch unterdrückte Frustration und eine pessimistische Lebenseinstellung. Es besteht die Gefahr, daß sie als Ersatzbefriedigung der Sucht verfallen.

- **Verhalten in der Liebe**

In der Liebe spiegelt sich das Grundproblem der depressiven Persönlichkeit deutlich wieder. Die Abhängigkeit vom Partner, die Verlustangst und die eigene Liebesfähigkeit stehen im Vordergrund. Spannungen, Konklikte und Auseinandersetzungen, die in jeder

[15] Vgl. Riemann, Fritz, a.a.O., S. 63.

"normalen" Beziehung vorkommen, aktivieren die Verlustangst bei depressiv veranlagten Menschen. Dabei führen gerade die Bemühungen der depressiven Persönlichkeit, die Distanz zu dem anderen zu verringern, der sich so aber eingeengt und umklammert fühlt, zu Problemen.

Durch das Herabsetzen und Unterbewerten der eigenen Person, ist die Gefahr gegeben, daß der Partner die Achtung vor dem depressiven Menschen verliert und die Beziehung beendet.

Depressive Persönlichkeiten entwickeln eine große Liebesfähigkeit, Hingabe- und Opferbereitschaft. Sie können Geborgenheit geben, sind sehr gefühlsbetont und stehen zu ihrem Partner. Bei Menschen mit stärkerer depressiver Akzentuierung überwiegt die Verlustangst. Das äußert sich darin, daß

1. diese Personen nur noch für den anderen leben und sich völlig mit ihm identifizieren, um die Verlustangst zu minimieren,
2. diese Personen versuchen, durch Selbstmorddrohungen Schuldgefühle in dem Partner zu wecken, mit dem Ziel, ihn an sich zu binden und wieder die Verlustangst zu minimieren. Dabei handelt es sich um erpresserische Liebe.

- **Aggression**

Die depressive Persönlichkeit hat nie gelernt, gesund aggressiv zu sein und etwas für sich zu fordern. Sie hat keine Wünsche, die sie auf aggressive Art und Weise versuchen könnte zu erreichen und zuviel Selbstzweifel bzw. zuwenig Selbstwertgefühl, um ihre Position aggressiv zu vertreten. Sie weicht Aggressionen aus und baut sich eine Ideologie der Friedfertigkeit auf, d.h. sie entwickelt Gefühle der moralischen Überlegenheit: Ich bin der unschuldig Erleidende und habe es nicht nötig, mich zu wehren. Weder zeigt sie Aggressionen, noch nimmt sie Aggressionsäußerungen anderer wahr.

Typische Verhaltensweisen, zum Teil mit erpresserischen Absichten, sind ständiges Jammern, Klagen und Lamentieren[16]. Findet sich kein Ventil für ein derartiges Verhalten, hat das Antriebsschwäche bis hin zur Passivität zur Folge. Das Selbstmitleid kann sich gegen die eigene Person richten und zum Selbsthaß und zur Selbstzerstörung führen.

[16] Vgl. König, Karl, a.a.O., S. 26.

2.2 Gefühlswelt

Je nachdem, wie abhängig die depressive Persönlichkeit von ihren Mitmenschen ist, fühlt sie sich für deren Zufriedenheit verantwortlich. Sie hat zum Beispiel das Gefühl, egal ob als Gastgeber oder Gast, allein für das Gelingen eines Abends verantwortlich zu sein. Dieses Gefühl ist aufgrund des persönlichen Kontaktes des depressiven Menschen zu seinen Gästen, bzw. als Gast nachzuvollziehen. Im Gegensatz dazu folgende Situation: "Ging er in ein Konzert, konnte er es auch nicht gelöst genießen; er identifizierte sich sowohl mit dem Künstler wie auch mit dem Publikum in der doppelten Angst, der Künstler könnte versagen und das Publikum enttäuscht sein, oder jener könnte enttäuscht werden über zu geringen Beifall des Publikums."[17]

Die Zurückstellung des eigenen Ichs mit dem Ziel, die Liebe und Geborgenheit, die der depressive Mensch von anderen erfährt, nicht aufs Spiel zu setzen, kann bis zur Gemütskrankheit führen. Der Mensch erkrankt nicht wie bei der Schizophrenie am Geist, sondern am Gemüt, was auf die Ich-Schwäche zurückzuführen ist.

Für diese Krankheit ist der Gefühlswechsel "himmelhochjauchzend-zu Tode betrübt" charakteristisch. Es handelt sich um einen ständigen Wechsel der manischen Phase, in der die depressive Persönlichkeit alle Hemmungen verliert, und der depressiven Phase, in der Selbstanklage, Mutlosigkeit, Resignation und Apathie überwiegen.

Die Aufgabe des eigenen Ichs führt zu einem weiteren Gefühl: Haß. Dieser Haß entsteht aus Verbitterung über das Objekt-Sein, durch Neid und die ohnmächtige Schwäche über das Sich-Ausnutzen-Lassen. Um nicht in ständige Depression zu verfallen, hat die depressive Persönlichkeit die Ideologie der Bescheidenheit und Friedfertigkeit entwickelt.

Depressive Menschen besitzen außerdem eine starke Beziehung zur Religion, z.B. zum Christentum oder zum Buddhismus, die mit ihren verkündeten Erlösungsideen und der Weltentsagung den Gefühlsstimmungen der Depressiven entgegen kommen.

2.3 Unsicherheiten

Unsicherheiten werden bei depressiven Persönlichkeiten immer dann auftreten, wenn es darum geht, eigene Wünsche und Erwartungen auszudrücken. Etwas Eigenes entwickeln oder verlangen, heißt auch individuell zu sein, wodurch gleichzeitig ihre Verlustangst

[17] Vgl. Riemann, Fritz, a.a.O., S. 99.

aktiviert wird. Spannungen zwischen dem Ich und der Abhängigkeit führen zwangsläufig zu Unsicherheiten.
Je nach dem Grad der Abhängigkeit wird sich die Unsicherheit in Unfähigkeit umwandeln, eigene Wünsche und Erwartungen zu äußern. Diese Unfähigkeit führt zur Resignation und steigert wiederum die Abhängigkeit.

2.4 Intensitätsgrade depressiver Persönlichkeiten

Die Skala der Verhaltensweisen depressiver Persönlichkeiten reicht von leichten bis zu schwersten Akzentuierungen:

1. der Einfühlsame und Beschauliche
2. der Hilfsbereite, mit dem offenen Ohr für Andere
3. der Hingabefähige und Opferbereite
4. der Wehrlose mit der passiven Erwartungshaltung
5. der Unselbständige und Konfliktscheue
6. der Überforderte, ohne Hoffnung und mit Schuldgefühlen
7. der Depressive und der Melancholische

2.5 Positive Eigenschaften

Wenn die depressive Persönlichkeit ihr eigenes Ich bereits aufgegeben hat, steuert die Verlustangst ihr Verhalten. Für den Fall, daß der Depressive sein eigenes Ich nur zurücknimmt, ergeben sich folgende positive Eigenschaften:

- einfühlsam
- hilfsbereit, fürsorglich
- geduldig
- relativ wenig Egoismus
- schlicht und anspruchslos
- anhänglich in Gefühlsbeziehungen
- entwickelt Humor als Gegenkraft zum "schweren" Leben
- fähig zum Verzicht ohne Bitterkeit

- gläubig, fromm
- anpassungsfähig an harte Lebensbedingungen

2.6 Erklärungsansätze

Wieder stellt sich die Frage, wie es zu einer derartigen Persönlichkeitsentwicklung kommen kann. Der Versuch einer Erklärung geht über die Anlage- und die Umweltfaktoren.

I. Anlagefaktoren

a) betont gefühlswarme Anlage
(Liebesbereitschaft, Liebesfähigkeit, großes Einfühlungsvermögen)

Menschen mit dieser Anlagestruktur fällt es schwer, sich von Dingen zu lösen, die Ihnen gefühlsmäßig etwas bedeuten. Sie besitzen nur wenig aggressives Durchsetzungsvermögen, sind friedfertig, gutmütig und nicht kämpferisch. Diese Eigenschaften kommen der depressiven Persönlichkeit entgegen, da Menschen mit einer solchen Veranlagung oft eine hohe Bindungsneigung und wenig Selbstwertgefühl entwickeln.

b) sensible Vitalschwäche

Diese Menschen sind auf das Beschütztwerden durch andere angewiesen und fordern so eine "Bemutterung" unbewußt heraus.
Die Abhängigkeit ist charakteristisch für die depressive Persönlichkeitsentwicklung.

c) Neigung zum Phlegma(Schwerfälligkeit) und Bequemlichkeit

Diese Verhaltensweisen werden von Riemann noch zu den Anlagefaktoren gezählt. Es kann sich aber auch um eine Reaktion des Kindes auf die Umwelt handeln.
Lassen die Bezugspersonen dieses Verhalten zu, bzw. lassen sie nur diese Verhaltensweise zu, dann entwickelt sich zwischen dem Kind und der Umwelt ein Puffer. Das Kind entwickelt zwar eine gute Beziehung zu seinen Bezugspersonen, das Verhältnis zur Umwelt ist jedoch gestört.

II. Umweltfaktoren

Riemann bezeichnet die Umweltfaktoren ebenfalls als wesentliche Auslöser der depressiven Persönlichkeitsentwicklung. Die schizoide Persönlichkeit entsteht durch Fehlverhalten in der ersten Entwicklungsphase. Die Entstehung depressiver Verhaltensweisen ist abhängig von der zweiten Entwicklungsphase des Kindes.

In dieser Phase ist die Mutter für das Kind einerseits eine Quelle der Bedürfnisbefriedigung, andererseits erkennt es aber auch seine Abhängigkeit von ihr.
Es liegt an der Mutter, den Loslösungsprozeß des Kindes sinnvoll und altersgemäß zu unterstützen.

Dabei sind zwei Arten von Fehlverhalten zu beobachten:

a) Verwöhnung

Die sogenannte "Gluckenmutter" überschüttet das Kind mit Liebe, in der Absicht, es an sich zu binden. Die Eigeninitiative und der altersgemäße Ablösungsprozeß werden stark gehemmt. Das Kind wird bequem, es entstehen passive Erwartungshaltungen.

Die Mutter fördert diese Entwicklung, indem sie dem Kind den Eindruck vermittelt, daß es Geborgenheit, Sicherheit und Verständnis nur bei ihr erfährt. Da das Kind nur auf wenige Erfahrungen mit der Umwelt und seinen Mitmenschen zurückgreifen kann, besteht die Möglichkeit, daß eine Konfrontation mit der Realität Resignation zur Folge hat. Es stellt fest, daß die Umwelt nicht so verwöhnend ist wie die Mutter und fühlt sich den Anforderungen des Lebens nicht gewachsen.

b) Verweigerung

Hier geht man davon aus, daß das Kind unerwünscht ist und von der Mutter abgelehnt wird. Die Mutter verwöhnt das Kind aufgrund von Schuldgefühlen und um ihre Feindseligkeit wieder gut zu machen. Das Kind selbst spürt die Ablehnung. Das Verwöhntwerden kann die fehlende Liebe nicht ersetzen. Es empfindet sein Leben als Schuld, hält sich für nicht liebenswert und hat Minderwertigkeitskomplexe.

Das unter diesen Bedingungen aufwachsende Kind lernt früh, zu schnell zu verzichten. Es entwickelt sich zu einem problemlosen Menschen, der es gewohnt ist, sich und seine Wünsche zurückzustellen und den Forderungen anderer gerecht zu werden.
Beide Verhaltensweisen führen zur Entwicklung einer depressiven Persönlichkeitsstruktur.

2.7 Träume

Im Mittelpunkt der Träume von depressiven Personen steht oft die Eßthematik. So kommen sie im Traum z.B. "an eine gedeckte Tafel, aber es ist kein Platz mehr für sie oder kein Gedeck oder es ist schon alles aufgegessen."[18]

Die Träume verdeutlichen die Enttäuschung und die Resignation. Die Eßthematik steht für den Tisch des Lebens und ihre Unfähigkeit zugreifen und nehmen zu können.
Die passive Erwartungshaltung von depressiven Menschen spiegelt sich auch in "Schlaraffenland-Träumen" wieder. Sie müssen nicht selbst Handeln, sondern ihre Wünsche erfüllen sich von selbst.

Die Überforderung oder das Sich-Überfordern-Lassen kann sich in Träumen ausdrücken, in denen der Depressive z.B. bei einer Reise zusätzlich fast alle Gegenstände des Mitreisenden trägt und die Strecke kaum schafft oder bei schlechten Witterungsverhältnissen auf schützende Kleidung und Zubehör verzichtet, um es dem Anderen angenehm zu machen.

2.8 Berufe

Auch im Berufsleben neigen depressiv veranlagte Menschen dazu, sich für ihre Mitmenschen aufzuopfern. So werden sie z.B. in folgenden Arbeitsbereichen tätig:

- helfende, dienende und pflegende Tätigkeiten
- sozialer und fürsorglicher Bereich
- ärztliche Tätigkeiten
- psychotherapeutischer Bereich
- gemeinnützige Tätigkeiten

Für depressive Persönlichkeiten ist der Beruf kein Job, mit dem sie nur Geld verdienen. Sie werden Ärzte, Geistliche oder Pädagogen meistens aus Berufung und nicht wegen des Geldes oder des Prestiges.

[18] Vgl. Riemann, Fritz, a.a.O., S. 103.

3. Die zwanghafte Persönlichkeit

Die dritte Grundform der Angst ist die Angst vor Vergänglichkeit. Jeder Mensch braucht einen gewissen festen Ablauf in seinem Leben, damit sein Dasein nicht in Chaos ausartet. Der zwanghafte Mensch erlebt diese Angst besonders stark, wodurch eine Zwangsneurose entstehen kann.

Unter dem Begriff "zwanghafte Persönlichkeit" werden alle Abstufungen des Strebens nach Dauer und Beständigkeit zusammengefaßt.
Im folgenden wird die zwanghafte Persönlichkeitsstruktur genauer analysiert.

3.1 Verhaltensweisen

Das Grundproblem derart veranlagter Menschen läßt sich direkt aus der dritten Grundform der Angst ableiten. Die Angst vor Risiko, Veränderungen und Erneuerungen belastet und verstört den zwanghaften Menschen. Er wird versuchen, alles beim Alten zu belassen. Diese Menschen halten "an Meinungen, Erfahrungen, an Einstellungen, Grundsätzen und Gewohnheiten eisern fest" und versuchen "sie nach Möglichkeit zum immer gültigen Prinzip, zur unumstößlichen Regel und zum ewigen Gesetz" zu machen.[19]

Sie leben vorsichtig, vorausschauend und mit einer zielbewußten Planung auf lange Sicht. Auf diese Art und Weise befriedigt die zwanghafte Persönlichkeit ihr übergroßes Sicherheitsbedürfnis, das für diese Veranlagung charakteristisch ist.[20]

Typische Beispiele für zwanghafte Verhaltensweisen sind:

- trotz voller Kleiderschränke werden immer nur die alten Sachen getragen,
- wiederholtes Nachsehen, ob Türen verschlossen oder Gashähne zugedreht sind,
- kontrollieren der Autotüren trotz Zentralverriegelung,
- Waschzwang oder Zählzwang
- Sammeltrieb, jedes Sammelstück stellt ein " Stück Ewigkeit" dar,
- starres Festhalten an Traditionen familiärer, gesellschaftlicher, moralischer, politischer, wissenschaftlicher und religiöser Art.

---

[19] Vgl. Riemann, Fritz, a.a.O., S. 107.

[20] Leute mit einer stark ausgeprägten Zwangsstruktur stellen nicht nur überhöhte Ansprüche an die Sauberkeit im allgemeinen, sondern sie differenzieren auch zuwenig. Vgl. König, Karl, a.a.O., S. 31.

Zwanghafte Persönlichkeiten sind oft konservativ, neigen zu Vorurteilen und Fanatismus. Sie können sich schlecht entscheiden und sind in ihrem Verhalten eher zögernd. Einmal getroffene Entscheidungen werden jedoch konsequent vertreten, d.h.ein "Nein" bleibt ein "Nein" und die Entscheidung wird nicht oder selten revidiert. Riemann versteht darunter den sogenannten "Basta-Typ".[21]

Im zwischenmenschlichen Kontakt kristallisiert sich eine weitere Verhaltensweise heraus. Die zwanghafte Persönlichkeit versucht aktiv ihre Umwelt nach ihren Regeln und Grundsätzen zu formen. Dieses Machtbedürfnis leitet sich aus dem zu großen Sicherheitsbedürfnis ab. Befriedigung können diese Machtbedürfnisse in Abhängigkeitsverhältnissen wie z.B. "Vater-Sohn, Lehrer-Schüler, Mann-Frau und Vorgesetzter-Untergebener" finden.[22]

Dadurch wird verständlich, daß das Generationsproblem bei zwanghaft veranlagten Menschen besonders problematisch ist.

Es entsteht ein Teufelskreis, da diese Menschen durch ihre starre Haltung die von ihnen so gefürchteten Veränderungen selbst herausfordern und somit ein noch stärkeres Sicherheits- und Machtbedürfnis entwickeln. Sie können den Teufelskreis nur durchbrechen, wenn es ihnen gelingt, sich mit den Veränderungen auseinanderzusetzen und zu versuchen, sie anzunehmen.

- **Verhalten in der Liebe**

Die Liebe mit ihrer Spontanität und Irrationalität ist für die zwanghafte Persönlichkeit sehr beunruhigend. Sie widerstrebt dem Sicherheits- und Machtbedürfnis dieses Menschen, der deshalb alles versucht, um seine Gefühle, die er für subjektiv und vergänglich hält, zu kontrollieren.

In seinen Gefühlszuwendungen gegenüber dem Partner ist er eher zurückhaltend und wenig verständnisvoll. Zwanghafte Menschen überlassen sich nur selten ihren Gefühlen und halten Leidenschaft für eine Schwäche.
Wenn sie sich jedoch zu einer Partnerschaft bekennen, zeigen sie Verantwortungsgefühl, sehen den Anderen aber nicht als Gleichberechtigten in der Beziehung an. Bei einer

[21] Vgl. Riemann, Fritz, a.a.O., S. 151.
[22] Vgl. Hofstetter, Helmut, Die Leiden der Leitenden, Köln 1988, S. 19.

Partnerschaft geht es der zwanghaften Persönlichkeit vielmehr darum, den Machtkampf innerhalb der Beziehung zu gewinnen und dem Anderen überlegen zu sein, um ihr Machtbedürfnis zu befriedigen. Es kann so weit gehen, daß der Partner als Eigentum, als Objekt betrachtet wird.

Die Ehe ist für die zwanghafte Persönlichkeit eine rationale Einrichtung. Eheschließungen - meist nach langen Verlobungszeiten - erfolgen aus Vernunftgründen, z.B. aufgrund finanzieller Vorteile, und gelten danach als unauflösbar. Je deutlicher die zwanghafte Veranlagung wird, umso mehr wird die Ehe zu einem juristischen Vertrag mit strengen Regeln und Pflichten degradiert.

Zwanghafte Menschen legen in einer Partnerschaft viel Wert auf Pünktlichkeit und Sparsamkeit. Ihre Pedanterie und ihr Starrsinn werden dadurch besonders deutlich. "Das Essen muß auf die Minute genau auf dem Tisch stehen", "das Haushaltsgeld wird zugeteilt" und "die Notwendigkeit von Neuanschaffungen wird endlos diskutiert".[23] Am häufigsten werden in solchen Ehen Krisen durch Geldprobleme ausgelöst.

Sogar die Sexualität wird nicht nach Gefühl und Stimmung ausgelebt, sondern nach festgesetzten Terminen. Wenn der Machtwille, bzw. der Wunsch, den anderen zu bezwingen, überhand nimmt, kann der Zwanghafte sadistische Neigungen entwickeln. Bei männlichen zwanghaften Personen wird die Sexualität als Bewährungsprobe für die Potenz angesehen und die Partnerin zu einem Objekt der Leistungsprüfung erniedrigt.[24]

Menschen mit schwach ausgeprägten zwanghaften Zügen sind zwar "keine leidenschaftlich Liebenden, aber dafür zuverlässig und stabil in ihrer Zuneigung. Sie sind vorsorgliche Ehepartner, und ihre Familie erweckt oft den Eindruck einer heilen Gemeinschaft in durchaus positivem Sinne, die auf gegenseitiger Achtung, Zuneigung und Verantwortungsgefühl aufbaut".[25]

---

[23] Vgl. Riemann, Fritz, a.a.O., S. 120.

[24] Vgl. König, Karl, a.a.O., S. 32.

[25] Vgl. Riemann, Fritz, a.a.O., S. 123.

- **Aggression**

Zwanghafte Persönlichkeiten lernen von Kindheit an, Aggressionen wie Wut, Haß und Trotz zu beherrschen, da derartige Gefühlsäußerungen mit Strafe verbunden sind. Es entwickelt sich eine Art gehemmte Aggression, die in veränderten und indirekten Formen zum Ausdruck kommt.

Durch den ungeübten Umgang mit Aggressionen verhält sich der Zwanghafte vorsichtig. Er weiß nicht, ob er in einer bestimmten Situation aggressiv sein darf oder nicht.
Wenn er sich für eine aggressive Reaktion entscheidet, neigt er dazu, das Gesagte zurückzunehmen oder Handlungen abzuschwächen. Die Wiedergutmachungen gehen bis zur Selbstbestrafung.

Die zwanghafte Person hat deshalb Aggressionsformen entwickelt, die ohne Angst- und Schuldgefühle geäußert werden können.
Auf der einen Seite betrachtet sie aggressive Reaktionen oder Äußerungen als einen Akt des Sich-Gehen-Lassens und für unter ihrer Würde. Auf der anderen Seite werden legitime Möglichkeiten für Aggressionen gesucht, d.h. Gelegenheiten, die Aggressivität fordern und ihr einen Wert verleihen.

Aggressionen in Verbindung mit dem Machtbedürfnis werden in legitimer Weise zum Beispiel dann geäußert, wenn im Namen von Ideologien Recht und Ordnung vertreten werden, und alles, was man sich selbst verbietet, bekämpft wird. Eine Möglichkeit dafür bietet das Militär.

Andere Formen indirekter Aggression sind Sarkasmus, Zynismus, Ironie und Rechthaberei. Das Überkorrekte, das Beachten von Normen, Regeln und Prinzipien kann genauso als aggressive Handlung von zwanghaften Personen angesehen werden wie das Zögern, das Trödeln und die Unentschlossenheit, womit die gehemmte Aggression auf andere übertragen wird.

Kann der zwanghafte Mensch seine angestauten Aggressionen trotz dieser Vielzahl an Möglichkeiten nicht abbauen, bleibt nur die Entladung in Symptomen wie Herz- und Kreislaufstörungen, Kopfschmerzen, Migräne oder Schlafstörungen.

3.2 Gefühlswelt

Gefühle bedeuten für die zwanghafte Persönlichkeit etwas Schwankendes, Vergängliches, Subjektives und Unzuverlässiges. Sie wendet Gefühle nur kontrolliert an, was dazu führt, daß sie nicht unbefangen erleben kann.

Alles Neue wird abgelehnt und die Auseinandersetzung damit vermieden, wodurch das Erlebnisdefizit noch verstärkt wird. Je mehr verdrängte Gefühle sich anstauen, umso mehr Zeit und Kraft muß die zwanghafte Person aufwenden, das Aufgestaute in Schach zu halten.

So wenig wie diese Menschen die Vergänglichkeit akzeptieren, können sie den Tod als gegeben hinnehmen. Ist die zwanghafte Persönlichkeitsstruktur noch nicht so ausgeprägt, wird der Tod als Naturnotwendigkeit angesehen, gegen die man sich nicht wehren kann. Oft wird schon frühzeitig ein Testament verfaßt, mit dem unter Umständen noch nach dem Ableben Macht ausgeübt wird.

3.3 Unsicherheiten

Die Unterdrückung aller aktiven Impulse von Kindheit an führen bei zwanghaften Persönlichkeiten zu einer tiefen Unsicherheit darüber, was man tun darf und was nicht und was passiert, wenn sie den "ersten Schritt" machen. Zwischen dem Impuls und seiner möglichen Ausführung ist grundsätzlich ein zweifelndes Zögern eingeschaltet, das dem Gegenimpuls die Möglichkeit gibt, spontane Handlungen zu verhindern.
Im Extremfall kann die sofortige Beantwortung von Impulsen mit Gegenimpulsen zu völliger Handlungsunfähigkeit führen.

3.4 Intensitätsgrade zwanghafter Persönlichkeitsstrukturen

Im folgenden wird eine Reihenfolge vom gesunden Menschen mit leicht zwanghaften Zügen bis hin zur Zwangsneurose aufgestellt:

1. der Planvolle und der Ordentliche
2. der Saubere, der Fleißige und der Zurückhaltende
3. der Beständige und der Zuverlässige

4. der Realistische und der Streberhafte
5. der Eigensinnige und der Pedantische
6. der Fanatische, der Starrsinnige und der Tyrannische
7. die Zwangsneurose

3.5 Positive Eigenschaften

Wenn sich Macht- und Sicherheitsbedürfnis noch nicht so stark entwickelt haben, sind die zwanghaften Züge weniger ausgeprägt. Aus diesem Verhaltensmuster heraus ergeben sich folgende positive Eigenschaften:

- zuverlässig und planvoll
- ordentlich und korrekt
- stabil und konsequent
- fleißig und ausdauernd
- verantwortungsbewußt

3.6 Erklärungsansätze

Mit Hilfe von Anlage- und Umweltfaktoren kann die Frage nach den Ursachen einer derartigen Entwicklung beantwortet werden.

I. Anlagefaktoren

a) lebhafte motorisch-aggressive, sexuell und allgemein expansive Veranlagung.
(betont eigenwillige und eigenständige Charakterzüge)

Das Kind hat Eigenschaften, mit denen es leichter und öfter "aneckt" und die von seinen Eltern als unbequem empfunden werden. Sie bremsen das Kind in seinen Verhaltensweisen, was von ihm als Strafe für etwas Verbotenes angesehen wird. Je mehr Strafen, umso mehr wird sich das Kind zurücknehmen und seine Gefühle nur noch kontrolliert zulassen.

b) Sanftheit und Anpassungsfähigkeit mit der Neigung zur Nachgiebigkeit und Fügsamkeit.

In der Entwicklung des Kindes wird es sich selbst zu wenig spontane Reaktion erlauben und sich mehr anpassen als es sollte. Dieses Verhaltensmuster kann sich im Alter verstärken und zu zwanghaften Zügen führen.

c) Neigung zum Nachdenken und zu grüblerischer Genauigkeit

Menschen mit dieser Anlage halten gefühlsmäßig stark an der Vergangenheit fest. Vergangene Eindrücke sind wegweisend für zukünftiges Verhalten. Je stärker die gefühlsmäßige Bindung an die Vergangenheit ist, umso eher kann zwanghaftes Verhalten auftreten.

II. Umweltfaktoren

Die Umweltfaktoren greifen in die dritte Entwicklungsphase des Kindes ein, die vom 2. bis zum 4. Lebensjahr andauert. Sie können zu einer Verstärkung der Anlagefaktoren und damit zu einer stärkeren Ausprägung zwanghafter Züge führen.
In dieser Phase kommt das Kind in Konflikt mit seiner Umwelt.

Der Konflikt entsteht durch den Gegensatz zwischen den Forderungen seiner Bezugspersonen und seinen eigenen Wünschen und Erwartungen. Man bezeichnet diese Phase auch als Ablösungsphase. Die Neigung des Kindes nach Selbständigkeit wird größer. Es lernt in dieser Phase den Unterschied zwischen Erlaubtem und Unerlaubtem, zwischen dem Guten und dem Bösen, zwischen "du darfst" und "du darfst nicht".

Die Problematik liegt in den Grenzen, die die Bezugspersonen aufstellen müssen, um dem Kind diese altersadäquaten Erfahrungen zu ermöglichen. Die Kinder benötigen die Grenzen als Halt, als Sicherheit, um sich in der Welt orientieren zu können. Riemann diskutiert in diesem Zusammenhang zwei extreme Fehlleistungen der Bezugspersonen:

- zu viele Grenzen mit Strafandrohung bei Überschreitung
- keine Grenzen

Entwickelt sich ein Kind unter zu vielen Grenzen, werden die lebendigen und gefühlsbetonten Impulse zu früh unterdrückt. Die Spontanität und jede Äußerung gesunden

Eigenwillens wird von vorneherein gebremst. Das Kind kann sich nicht natürlich entwickeln. Diese Erfahrungen lassen das Kind vorsichtiger werden. Reflexe werden entwickelt, die alle grenzüberschreitenden Impulse sofort abbremsen und unterdrücken.

Daraus ergibt sich die charakteristische Neigung zum Zögern und zur Unentschlossenheit. Die zwanghafte Persönlichkeit kann sich nicht zwischen dem Mut der Tat und der Angst vor Strafe entscheiden. Schon in der Kindheit wird die Erfahrung gemacht, das viele Dinge nur auf ganz bestimmte Weise getan werden dürfen, wodurch die Vorstellung entsteht, daß etwas wie das absolut Richtige existieren muß. Diese Vorstellung prägt in der weiteren Entwicklung des Kindes seinen Hang zum Perfektionismus.

Der Gegensatz dazu ist ein Milieu, das dem Kind keine Grenzen zur Orientierung aufstellt. Auch in diesem Fall kann der Mensch zwanghafte Züge entwickeln. Als eine Art Selbstschutz wird sich das Kind eine eigene Ordnung und feste Grundsätze schaffen, die ihm Halt und Sicherheit geben. Da die Umwelt diese selbstaufgestellte Ordnung immer gefährdet, wird das Kind umso mehr daran festhalten. Auch hier können zwanghafte Verhaltensmuster entstehen.

3.7 Träume

Träume haben für die zwanghafte Persönlichkeit keine große Bedeutung. Sie nimmt sie nicht ernst und mißtraut ihnen.
So kann erklärt werden, daß sich zwanghafte Menschen nur selten an Träume, bzw. aus der Sicht des Therapeuten, nur an Nebensächliches erinnern.

Sie träumen in den Farben braun, schwarz oder betont weiß und damit sehr steril. In ihren Träumen benutzen sie gerne technische und mechanische Bilder für lebendige Vorgänge, als Ausdruck ihrer Entfernung vom wirklichen Leben. Die Problematik von Impuls und Gegenimpuls zeigt sich auch im Traum. Es werden zunächst Taten begangen, die später wieder aufgehoben werden.

Ihre gehemmte Aggression kann in Träumen in Form von elementaren Durchbrüchen in Erscheinung treten, z.B. Vulkanausbrüche.

3.8 Berufe

Ihren Fähigkeiten und Veranlagungen nach bevorzugt die zwanghafte Persönlichkeit Berufe, in denen es auf Genauigkeit, Präzision und Sorgfalt, Gründlichkeit und Geduld ankommt. Auch in Berufen, die mit Machtausübung verbunden sind, sind zwanghaft veranlagte Menschen zu finden.

Beispiele für mögliche Tätigkeiten sind:

- präzises Handwerk
- exakte Naturwisssenschaftler
- Juristen
- Chirurgen
- Pädagogen und Geistliche
- Systematiker auf allen Gebieten

Zwanghafte Menschen zeichnen sich durch ausgezeichnete Sachkenntnis in ihren Fachgebieten aus, neigen aber weniger zu Eigeninitiative, Improvisation und Elastizität. Je nach Grad der zwanghaften Veranlagung kann aus Pflichtbewußtsein und Verantwortung Pedanterie werden. Die Grenze zwischen positiven und negativen zwanghaften Persönlichkeitsmerkmalen ist sehr schmal.

Die Geschichte als solche, aber auch die Geschichte der Kunst, der Medizin und der Philosophie ist für diesen Persönlichkeitstyp von besonderem Interesse, da sie etwas Vergangenes mit Beständigkeit ist. Alles Zeitlose, z.B. Archäologie und Altertumskunde, zieht zwanghafte Menschen magisch an.
Ihr politisches Interesse ist stark mit dem Machtbedürfnis gekoppelt. Ist die zwanghafte Person politisch aktiv, vertritt sie meistens den Konservatismus.

4. Die hysterische Persönlichkeit

"Der Zauber des Neuen, der Reiz, Unbekanntes kennenzulernen, die Freude am Wagnis - sie gehören ebenso zu unserem Wesen wie der Wunsch nach Dauer und Sicherheit."[26] Durch Heimweh und Fernweh werden diese Wünsche gefühlsmäßig ausgedrückt. Heimweh steht für den Wunsch nach Dauer und Ordnung - das Streben der zwanghaften Persönlichkeit. Fernweh entspricht dem Wunsch nach dem Neuen und Unbekannten - dem Streben der hysterischen Persönlichkeit.

Dies ist die vierte Forderung, die Forderung nach Wandlung und Veränderung, der Versuch, dem Neuen aufgeschlossen gegenüberzustehen.
Als Grundform der Angst ausgedrückt: Die Angst vor dem Endgültigen, vor der Dauer und der Ordnung.

4.1 Verhaltensweisen

Wie äußert sich die Angst vor dem Endgültigen?
Die hysterische Persönlichkeit lebt von Augenblick zu Augenblick, immer auf der Suche nach neuen Reizen, planlos und ohne klare Ziele. Das Wichtigste für derart veranlagte Menschen ist das Gefühl der Freiheit, ohne das sie nicht leben können.[27]

Dinge, die von vorneherein durch Gesetze, Konventionen oder die Natur unausweichlich festgelegt sind, sind für diese Personen problematisch. Sie versuchen der Realität durch den Aufbau einer Scheinwelt zu entfliehen, indem sie die Wirklichkeit in Frage stellen, bagatellisieren oder sie übersehen.

Durch den Versuch, sich der Realität zu entziehen, erlangen hysterische Personen eine Scheinfreiheit, die sie nach ihren Wünschen und Phantasien ausleben. Es entsteht ein Teufelskreis.

Sie erleben Enttäuschungen, wenn sie mit der "wirklichen Realität" in Kontakt treten, da sie sich in ihr nicht mehr zurechtfinden. Die Folge ist eine Flucht in die selbst aufgebaute Scheinwelt. Die Kluft zwischen Pseudo-Realität und Realität vergrößert sich ständig.

---

[26] Vgl. Riemann, Fritz, a.a.O., S. 156.

[27] Die hysterische Struktur wird bei Frauen häufiger diagnostiziert, die zwanghafte Struktur häufiger bei Männern. Vgl. König, Karl, a.a.O., S. 34.

Wie bei den anderen Persönlichkeitstypen kann dieser Teufelskreis nur durch Kontakt und Auseinandersetzung mit dem wirklichen Leben und seinen Gesetzmäßigkeiten durchbrochen werden.

Die hysterische Persönlichkeit versucht mit der Vogel-Strauß-Politik sich dieser Auseinandersetzung zu entziehen. Verstärkt wird eine solche Haltung noch durch die Unfähigkeit, Bedürfnisspannungen zu ertragen, d.h. jedes Bedürfnis muß sofort - ohne zunächst an eventuelle Folgen zu denken - befriedigt werden. Die möglichen Konsequenzen sollen dann durch "Wunder" oder "Patentlösungen" gemeistert werden.[28]

Um dem "Wunder" genügend Zeit zu geben, entwickeln hysterische Personen eine Taktik, die bis zum Vergessen der Konsequenzen reicht, was dem "Wunder" schon sehr nahe kommt.

Unter Freiheitsbeschränkung fallen z.B. auch Pünktlichkeit, Zeiteinteilung und Zeitplanung. Derartige Eigenschaften und Maßnahmen erscheinen hysterischen Persönlichkeiten pedantisch und kleinlich. Sie ignorieren sie meist auf Kosten anderer.
Hysterische Persönlichkeiten "entwickeln eine Pseudorealität ohne Kontinuität, klare Konturen und charakterlicher Prägung."[29]

---

[28] Vgl. Riemann, Fritz, a.a.O., S. 159.
[29] Vgl. Riemann, Fritz, a.a.O., S. 162.

- **Verhalten in der Liebe**

Die hysterische Persönlichkeit liebt die Liebe als solche. Sie ist ein Meister der Erotik, leidenschaftlich, aber auch fordernd. Die Liebe steigert ihr Selbstwertgefühl und dient zur Selbstbestätigung.

Durch Charme, Temperament, Gewandheit und Direktheit steht die hysterische Persönlichkeit schnell im Mittelpunkt. Sie kann es nicht ertragen, von anderen Menschen nicht als liebenswert empfunden zu werden.

Sind die hysterischen Züge noch nicht so ausgeprägt, verhalten sich Menschen mit dieser Veranlagung in einer Partnerschaft aufgeschlossen. Sie sind lebensfroh, phantasievoll und spontan in ihren Gefühlsäußerungen. Treue ist für hysterische Personen keine Maxime. Heimliche Liebschaften haben den Reiz des Neuen und Verbotenen und bieten Raum für phantasiereiche Romantik.

Je mehr sich die hysterischen Strukturen verstärken, wächst auch die fordernde Haltung und der Wunsch nach Bestätigung. Hysterisch veranlagte Menschen benötigen den Partner als Spiegel, zur Aufwertung des eigenen Ichs.

Auch in der Sexualität, wo ihnen zärtliches Vorspiel wichtiger ist als der eigentliche Akt, drückt sich ihre Angst vor dem Endgültigen aus. [30]

Beziehungen mit hysterisch veranlagten Menschen sind oft problematisch, da die jeweiligen Partner die Bedürfnisse nach Liebe und Selbstbestätigung kaum erfüllen können. Durch den zu großen Liebesanspruch werden hysterische Menschen oft enttäuscht. Neue Partnerschaften dienen dann als Entschädigung für vergangene Enttäuschungen und werden von Anfang an überfordert.

Im folgenden werden mögliche Kombinationen der vier Persönlichkeitstypen beschrieben:

1. Hysterisch - Zwanghaft

Die zwanghafte Persönlichkeit wird Situationen konsequent ausdiskutieren und damit den hysterisch veranlagten Menschen in die Enge treiben. Der Hysterische wird versuchen, sich mit allen Mittel dagegen zu wehren.

---

[30] Vgl. König, Karl, a.a.O., S. 36f.

2. Hysterisch - Schizoid

Der Schizophrene weicht der hysterischen Persönlichkeit instinktiv aus. Er durchschaut sie und lehnt es ab, die Bedürfnisse nach Bestätigung zu erfüllen.

3. Hysterisch - Depressiv

Aufgrund der Neigung der depressiven Persönlichkeit, sich unterzuordnen und anzupassen, wird sie die Bedürfnisse hysterischer Menschen erfüllen. Die Partnerschaft geht alleine auf ihre Kosten.

4. Hysterisch - Hysterisch

Diese Kombination ist nur dann denkbar, wenn die Veranlagungen noch nicht so ausgeprägt sind. Andernfalls führen Rivalität und gegenseitiges Übertrumpfen-Wollen zu großen Problemen.

- **Aggression**

In der Zeit vom 4. bis 6. Lebensjahr erlernt das Kind zusätzlich die spezifischen Aggressionsformen des Rivalisierens und Konkurrierens. Im Gegensatz zu zwanghaften Menschen ist hier die Aggression spontan, oft unüberlegt und personenbezogen, dafür aber nicht nachtragend. Das ist darauf zurückzuführen, daß hysterischen Menschen die Vergangenheit, in der sich die Aggression aufgebaut hat, nichts bedeutet.

Sie setzen ihre Aggressionen vielmehr für ihren Geltungsdrang ein. Extremformen gehen von Angeberei, Selbstglorifizierung und Hochstapelei bis zur unersättlichen Geltungssucht.

"Imponiergehabe" und die Absicht, unbedingt Eindruck machen zu wollen sind neben der Tendenz, alles zu verallgemeinern, weitere Möglichkeiten, sich aggressiv zu äußern. Beispiele hierfür sind "alle Männer sind Waschlappen" oder " alle Frauen sind dumm".[31]

---

[31] Vgl. Riemann, Fritz, a.a.O., S. 171.

Die impulsive Form der Aggression hat zwei Ursachen:

Erstens möchte der hysterische Mensch den oder die anderen Personen beeindrucken. Zweitens kommt es zu solchen Verhaltensweisen, wenn er in die Enge getrieben wird. Der Ausweg aus so einer Situation ist die aggressive Flucht nach vorn.

Der Hysteriker ist mit seiner Aggressionsäußerung der Überraschungssieger. Von der Überrumpelungstaktik verspricht er sich mehr Erfolg als von strategischer Planung. Für ihn trifft der Satz zu:"Angriff ist die beste Verteidigung".[32]

Hysterische Menschen neigen dazu, selbst berechtigter und vernünftig vorgebrachter Kritik mit unlogischen Gegenargumenten entgegenzutreten. Durch ihr labiles Selbstwertgefühl und den Mangel an Selbstkritik und Selbstkontrolle weichen sie der Realität aus.

Erfahrungen aus der Kindheit spiegeln sich bei hysterischen Personen in ihrer Vorliebe für Intrigen wieder. Ihre aggressiven Äußerungen, z.B. "flammende Entrüstung" oder "leidenschaftliche Anklagen", sind meistens auf ein Publikum ausgerichtet.[33]

4.2 Gefühlswelt

Die Gefühlswelt der hysterischen Persönlichkeit ist geprägt durch die Kluft zwischen ihrer Scheinwirklichkeit und der echten Realität.
Durch ihre Kindheitserfahrungen und das Fehlverhalten der Bezugspersonen meidet sie den Kontakt mit der Realität, um nicht enttäuscht zu werden. Sie neigt dazu, die Tatsachen zu verdrehen und sich die Realität so zu basteln , wie es ihr am passendsten erscheint.

Hysterische Menschen leben immer, je nach Situation, in irgendeiner Rolle. Sie leben selten sich selbst. Die hysterische Persönlichkeitsentwicklung ist mit einem Mangel an Identitätsfindung verbunden.

[32] Vgl. Riemann, Fritz, a.a.O., S. 171.
[33] Vgl. Riemann, Fritz, a.a.O., S. 172.

4.3 Unsicherheiten

Unsicherheit empfindet die hysterische Persönlichkeit immer dann, wenn sie mit der Realität in Berührung kommt. Verantwortlich dafür ist ihr gestörtes Verhältnis zwischen Scheinwelt und Realität. Sie versucht diese Unsicherheit nach außen mit "Imponiergehabe" und Angeberei zu kompensieren.
Außerdem wirkt die Anpassungsfähigkeit und das ständige Rollenspiel verunsichernd, da die hysterische Person letzten Endes nicht mehr weiß, wer sie selbst ist.

4.4 Intensitätsgrade hysterischer Persönlichkeitsstrukturen

Mit steigender Intensität der hysterischen Veranlagung tritt der Geltungsdrang immer deutlicher hervor. Er ist bezeichnend für die nicht vollzogene Identitätsfindung und endet in der Krankheitsform "Hysterie".

1. der Impulsive und Anregende
2. der Optimistische und Gesellige
3. der Mitreißende
4. der Risikofreudige und Unternehmungslustige
5. der, mit Geltungssucht
6. der, der zur Selbstkritik unfähig ist und kontaktsüchtig ist
7. Krankheiten, ohne Organbefund, Ängste und der Hysteriker

4.5 Positive Eigenschaften

Ist die Intensität der hysterischen Züge noch gering, ist die Identitätsfindung zwar noch nicht vollzogen, die Identitätssuche aber auch noch nicht abgebrochen. Die positiven Eigenschaften sind stärker ausgeprägt.

- risikofreudig, unternehmungslustig
- neuen Dingen aufgeschlossen
- mitreißend, kontaktfreudig, ein guter Gesellschafter
- lebhaft, spontan, charmant
- improvisierend, neugierig, optimistisch

4.6 Erklärungsansätze

Zur Erklärung der Persönlichkeitsentwicklung werden wieder die Anlage- und Umweltfaktoren herangezogen.

I. Anlagefaktoren

a) angeborene Lebhaftigkeit, emotional, spontan, lebhafter Mitteilungsdrang.
b) angeborener Charme und Schönheit.
c) Kontaktfreudigkeit, großes Kontaktbedürfnis, betontes Geltungsbedürfnis.

Alle Anlagen geben dem Kind ein angenehmes Erscheinungsbild. Es steht ohne große eigene Anstrengungen im Mittelpunkt, erhält Symphatie und Bestätigung, ohne dafür etwas leisten zu müssen. Für das Kind entsteht der Eindruck, daß sich alle seine Bedürfnisse von selbst erfüllen. Es fängt an, sich auf seine Vorzüge zu verlassen und entwickelt die Erwartungshaltung, immer und von jedem geliebt zu werden.

Um sein Bedürfnis nach mitmenschlichem Kontakt und seine Geltungssucht zu befriedigen, wird das Kind seine Anpassungsfähigkeit ausbauen. Werden diese Verhaltensweisen von der Umwelt gefördert, kann es zu einer hysterischen Persönlichkeitsentwicklung kommen.

II. Umweltfaktoren

Mögliche hysterische Entwicklungen finden ihren Ursprung in der Phase vom 4. bis zum 6. Lebensjahr des Kindes. Seine Umwelt erwartet von ihm, daß es allmählich in die Welt der Erwachsenen hineinwächst, und deren Spielregeln kennenlernt, sich mehr und mehr vernünftig, verantwortungsbewußt und einsichtig zeigt.

Es soll seine Wunschwelt aufgeben und lernen, sich mit der Realität vertraut zu machen und sich in ihr zurechtzufinden. Das Kind merkt in dieser Phase, daß seine Wünsche und Fähigkeiten Grenzen haben.

Damit es diesen Entwicklungsschritt vollzieht, muß die "Erwachsenen-Welt" dem Kind reizvoll und nachahmenswert erscheinen. Die Eltern sind nicht länger die vergötterten Bezugspersonen, sondern werden kritisch beobachtet und mit einem zunehmenden Wissensdurst ihres Kindes konfrontiert. Um ein gesundes Selbstwertgefühl zu entwickeln und zu seiner eigenen Identität zu finden, benötigt das Kind gesunde Leitbilder, mit denen es sich identifizieren kann.

Zwei extreme Arten von Fehlverhalten der Umwelt stören diese Entwicklung:

- keine Leitbilder und chaotisch vorgelebte Ordnung.
- übermächtige Leitbilder und zwanghaft streng vorgelebte Ordnung.

Im ersten Fall erhält das Kind zuwenig Halt und Orientierung durch seine Umwelt. Es wird nicht ernst genommen und immer noch als Kleinkind behandelt. Beispielsweise wird ein und dasselbe Verhalten heute bestraft und am nächsten Tag toleriert, oder die Eltern streiten in Gegenwart ihres Kindes, in der Annahme, daß es sowieso nichts versteht. Nachahmung des elterlichen Verhaltens führt zur Bestrafung. Diese, für das Kind unverständlichen Handlungen führen dazu, daß es sich in eine Scheinwelt zurückzieht. Der Grundstein für eine hysterische Persönlichkeitsentwicklung ist gelegt.

Eine chaotische Umgebung kann diese Veranlagungen ebenso begünstigen wie eine Kindheit in den sogenannten "besseren Kreisen", in denen das gesellschaftliche Prestige wichtiger ist als das Kind selbst. Von anderen beneidet, spielt es die Rolle des glücklichen Kindes und versteckt seine Einsamkeit hinter Arroganz.

Wesentlich ist auch das Verhältnis der Eltern zueinander. Ein "Pantoffelheld" als Vater und eine übermächtige Mutter vèrhindern zum Beispiel eine gesunde Einstellung zum anderen Geschlecht.[34]

Zweierlei Verhaltensweisen nun sind denkbar: entweder imitiert das Kind seine "schlechten" Vorbilder oder es nimmt seine Eltern nicht mehr ernst.

Im zweiten Fall prägen übermächtige Leitbilder die Entwicklung des Kindes. Die hysterischen Züge verstärken sich aus Protest über die starre, einzwängende erzieherische Haltung der Eltern. Die natürlichen Verhaltensweisen, z.B. Freiheitsdrang werden unterbunden. So manches "mißratene" Kind kommt aus einem zu strengen und konservativen Elternhaus. Hierbei handelt es sich nicht mehr um "echte Hysterie", sondern um "reaktive Hysterie".[35]

---

[34] Vgl. König, Karl, a.a.O., S. 42f.
[35] Vgl. Riemann, Fritz, a.a.O., S. 181.

4.7 Träume

Die Träume hysterischer Persönlichkeiten handeln oft von der Scheinwelt, in der die Grenzen der Realität aufgehoben sind und sich alle ihre Wünsche erfüllen. Ausweglose Situationen werden märchenhaft gemeistert.
So kann derjenige auf der Flucht plötzlich durch eine Wand gehen oder fliegen oder er erträumt sich einen Retter in letzter Not. Die Träume sind meist farbig, lebendig und aufregend. Hysterische Menschen können sich gut an ihre Träume erinnern.

4.8 Berufe

Hysterischen Menschen liegen alle die Berufe, die mit einem persönlichen Einsatz verbunden sind. Bei der Wahl des Berufes achten sie jedoch darauf, daß ihre Geltungssucht dadurch befriedigt wird. Geeignet sind repräsentative Tätigkeiten, die ihr Ego aufwerten.

Im Gegensatz zur zwanghaften Persönlichkeit betrachten sie den Beruf oder das Amt nicht als Verpflichtung. Es dient vielmehr zur Selbstbestätigung und befriedigt das Geltungsbedürfnis.

Weiterhin sind hysterische Personen in Berufen zu finden, in denen es auf Kontaktfähigkeit und Kontaktfreudigkeit ankommt. "Sie sind der überredende Vertreter oder der überzeugende, suggestive Verkäufer, der einem Kunden einen Ladenhüter als besonders günstigen Kauf aufdrängt".[36]

Berufe, in denen man durch Nettigkeit und Charme etwas erreicht wie z.B. im Hotelgewerbe, als Reiseleiter oder als Animateur sind sehr beliebt. In manchen Berufssparten, beispielsweise in der Gastronomie oder im Dienstleistungssektor, wird erwartet, daß man sich freundlich verhält ohne selbst so zu empfinden. Diese Verhaltensweise fällt der hysterischen Persönlichkeit leichter als anderen Menschen.

Bevorzugt werden auch Tätigkeiten, die ein Leben in der "großen weiten Welt" versprechen oder zumindest damit in Berührung kommen. Auch als Schauspieler oder Tänzer sind sie bei entsprechender Begabung erfolgreich, da sie sich durch starke Einbildungskraft, Ausdrucksfähigkeit und Darstellungsfreude auszeichnen.

Politisch vertreten hysterisch veranlagte Menschen eher die liberalen oder revolutionären Parteien. Der Grund dafür können Sensationslust, Unzufriedenheit und unbestimmte

---

[36] Vgl. Riemann, Fritz, a.a.O., S. 196.

Zukunftserwartungen sein. Ihrer politischen Aktivität kommt die Fähigkeit zugute, andere Menschen mit ihrer Redegewandtheit und Überzeugungskraft fesseln zu können.

Hysterische Persönlichkeiten halten aus pragmatischen Gründen an der Religion fest. Der Schein ist ihnen wichtiger als echter Glaube. Der Gedanke, durch Reue und Buße die Schuld, bzw. die Vergangenheit vergessen zu können, läßt sie an der Religion festhalten. Die Lehren, in denen von einem Weiterleben nach dem Tod die Rede ist, finden sie ansprechend.

5. Zusammenfassung der vier Persönlichkeitstypen

In diesem Kapitel wird versucht, einen Überblick über die einzelnen Persönlichkeitsstrukturen zu geben und die Unterschiede zwischen ihnen herauszustellen.
Die Zusammenfassung erhabt keinen Anspruch auf Vollständigkeit und sollte in Zusammenhang mit den jeweiligen Kapiteln betrachtet werden.

5.1 Die Grundkräfte, Forderungen und Angstformen

Grundkräfte	Forderungen an den Menschen	Grundängste der Menschen	Persönlichkeitstyp
Eigenrotation der Erde um ihre eigene Achse	Werde ein einmaliges Wesen	Angst vor der Öffnung zu den Mitmenschen; Angst vor der Selbsthingabe	SCHIZOID Akzent: ICH
Drehung der Erde um die Sonne	Ordne deine Persönlichkeit unter ein übergeordnetes Ganzes	Angst vor der Selbstwerdung	DEPRESSIV Akzent: DU
Schwerkraft (Beharrungskräfte)	Strebe die Dauer an	Angst vor dem Neuen und dem Wandel	ZWANGHAFT Akzent: ORDNUNG
Fliehkraft (Bewegungs- und Veränderungskräfte)	Sei immer bereit, Dich zu wandeln	Angst vor der Endgültigkeit und Ordnung	HYSTERISCH Akzent: FREIHEIT

Tab.1 Zusammenhang zwischen den Grundkräften, den Forderungen und Grundängsten.

5.2 Die erste Antinomie: die schizoide und die depressive Persönlichkeit

	schizoide Persönlichkeit	depressive Persönlichkeit
Anlage-faktoren	- zartsensible Anlage, große seelische Empfindsamkeit, Labilität und Verwundbarkeit - intensive motorisch-expansive, aggressiv-triebhafte Anlage, geringe Bindungsneigung und Bindungsfähigkeit. - Körperliche und sonstige Wesensmerkmale des Kindes.	- betont gemüthafte-gefühlswarme Anlage, Liebesbereitschaft und Liebesfähigkeit, großes Einfühlungsvermögen - sensible Vitalschwäche, Mangel an "dickem" Fell". - Neigung zur Schwerfälligkeit und Bequemlichkeit.
Umwelt-faktoren	- Mangel an liebender Zuneigung oder Reizüberangebot.	- Verwöhnung oder Verweige rung.
Verhaltens -weisen	- starkes Streben nach Autarkie und Unabhängigkeit. - Distanziertheit wird mit verletzendem Verhalten verteidigt.	- abhängig vom Partner oder macht den Partner von sich abhängig, - sehr naiv, glaubt an das Positive im Menschen - passive Erwartungshaltung; Belohnung ihrer Bescheidenheit durch andere.
Verhalten in der Liebe	- im zwischenmenschlichen Umgang fehlen die "Mitteltöne", - Sexualität spaltet sich vom Gefühlsleben ab; der Partner wird zum "Sexualobjekt".	- hohe Liebesfähigkeit, aber unfähig Konflikte auszutragen, da sonst die Verlustangst aktiviert wird.
Aggression	- Aggression ist elementar, spontan, unkontrolliert und menschlich unbezogen (archaische Form) - Aggression als Komunikationsmittel; vergleichbar zu dem frühpubertären Stadium	- subtile Aggressionsformen wie Jammern, Klagen und Lamentieren, - Erwecken von Schuldgefühlen beim Partner (erpresserische Liebe),

Gefühls-welt	- gespalten in dem ganzheitlichen Erlebniszusamenhang (Verstand und Rationalität sind gut entwickelt, weniger Gefühl und Emotionalität).	- Verantwortungsgefühl, für die Zufriedenheit der Mitmenschen zu sorgen, - Wechsel der manischen mit der depressiven Phase. ("himmelhoch jauchzend -zu Tode betrübt"),
Träume	- Inhalt: Distanziertheit, Autarkiestreben, Einsamkeit. - Träume sind leblos, blaß und farblos.	- Inhalt: Eßthematik, verbunden mit Resignation und Enttäuschung, Schlaraffenland, Überforderungen.
Unsicher-heiten	- aus den Lücken im mitmenschlichen Umgang resultiert die Unsicherheit. - Unsicherheit darüber, ob die Wahrnehmung Wirklichkeit oder Einbildung ist.	- im Ausdrücken von Wünschen und Erwartungen, wegen der Verlustangst. - nicht Nein sagen können.
Berufe	- theoretisch-abstrakte Berufe mit wenig menschlichem Kontakt, z.B. Kernphysiker, Mathematiker, Astronom, Naturwissenschaftler, Ingenieur.	- mütterlich-sorgevolle Bereiche, pflegende, dienende, soziale, fürsorgliche Tätigkeiten.

Tab. 2 Zusammenfassung der ersten Antinomie.

5.3 Die zweite Antinomie: die zwanghafte und die hysterische Persönlichkeit

	zwanghafte Persönlichkeit	hysterische Persönlichkeit
Anlage-faktoren	- lebhaft motorisch-aggressiv, betont eigenwillig und eigenständig. - Sanftheit und Anpassungsbereitschaft, Nachgiebigkeit und Fügsamkeit. - Neigung zum Nachdenken, grüblerische Genauigkeit.	- angeborene Lebhaftigkeit, große Spontanität und Mitteilungsdrang. - Kontaktfreudigkeit, Kontaktbedürfnis, betontes Geltungsbedürfnis. - Charme und Schönheit.
Umwelt-faktoren	- zuviele Grenzen mit Strafandrohung bei Überschreiten. - keine Grenzen z.B. im chaotischen Milieu .	- zuviel Leitbild und zwanghaft streng vorgelebte Ordnung. - keine Leitbilder und chaotisch vorgelebte Ordnung.
Ver-haltens-weisen	- überwertiges Sicherheitsbedürfnis. - Festhalten an Altem und Bekanntem, Neues wird auf Altes zurückgeführt. - Zwänge wie "Noch-einmal-nachsehen-Müssen" und Wach/Zähl/Grübelzwänge. - aktives Formen der Umwelt nach eigenen Regeln und Grundsätzen (Machtbedürfnis).	- lebt von Augenblick zu Augenblick, offen für alles Neue, aber plan- und ziellos. - durch den Aufbau einer Scheinwelt, versuchen sie der Realität zu entfliehen. - unfähig Bedürfnisspannungen zu ertragen; Bedürfnis muß sofort befriedigt werden. - Konsequenzen ihres Handelns soll durch "Wunder" oder "Patentlösung" umgesetzt werden .
Verhalten in der Liebe	- Liebe ist sehr beunruhigend, weil spontan und unvorhersehbar . - Partnerschaft als Machtkampf um die Überlegenheit . - Ehe hat meist rationale Gründe. - Sexualität wird nach festen Terminen ausgelebt .	- die Liebe wird als solche geliebt; im Mittelpunkt der Liebe steht die Steigerung des Selbstwertgefühls. - Treue ist unwichtig . - Ehe ist eine Einrichtung der Selbstbestätigung.

Aggression	- ungeübt im Umgang mit Aggression . - gehemmte Aggression, äußert sich in indirekten Formen der Aggression, die auf formalem Recht beruhen oder im Namen von Ideologien für Recht und Ordnung ausgetragen werden. - Sarkasmus, Zynismus Ironie, Rechthaberei.	- Aggression spontan, unbekümmert, unüberlegt und personenbezogen, aber nicht nachtragend. - Aggression wird eingesezt, um zu beeindrucken oder als letzter Ausweg unter dem Motto: die Flucht nach vorn. - Neigung zu Intrigen.
Gefühls-welt	- kontrollierte Gefühlsanwendung. - befangenes Erleben.	- Mangel an Identitätsfindung.
Träume	- Mißtrauen gegenüber Träumen; werden schlecht erinnert. - Farben sind: braun, schwarz oder betont weiß . - Themen: Vulkanausbrüche, Erdbeben.	- Themen: Scheinwelt, in der ihre Wünsche erfüllt werden; "Wunder" oder "Patentlösungen" werden Wirklichkeit, - Träume sind farbig, lebendig, voller Geschehen und werden gut erinnert.
Unsicher-heiten	- unsicher darüber, was man tun darf und was nicht. - sie wissen nicht, was passiert, wenn sie den "ersten Schritt" vollziehen.	- Unsicherheit überall da, wo Kontakt mit der Realität besteht. - unsicher darüber, wer man eigentlich ist.
Berufe	- Berufe, bei denen es auf Genauigkeit, Präzision und Sorgfalt, auf Gründlichkeit aber auch auf Macht ankommt, wie Präzisionshandwerk, exakte Naturwissenschaftler, Juristen, Chirurgen, Finanzbeamte, Pädagogen, Geistliche.	- Berufe, die das Geltungsbedürfnis befriedigen. - Berufe, die ein Leben in der "großen Welt" versprechen oder zumindest damit in Berührung kommen wie Fotomodell, Hotelfachmann .

Tab. 3 Zusammenfassung der zweiten Antinomie.

Nach Riemann scheinen zwei sich antinomisch zueinander verhaltende Persönlichkeitsstrukturen eine instinktive Anziehung aufeinander auszuüben.

Nach dem Motto:"Gegensätze ziehen sich an", geht eine faszinierende Ausstrahlung von dem gegensätzlichen Persönlichkeitstyp aus. Der eine besitzt Eigenschaften und zeigt Verhaltensweisen, die der andere an sich selbst vermißt oder unterdrückt.
Riemann interpretiert dies als unbewußte Suche nach Ergänzung, nach Vollkommenheit.

5.4 Positive und negative Eigenschaften der einzelnen Persönlichkeitstypen

schizoide Persönlichkeit Eigenschaften	
positive	negative
konsequent selbstsicher distanzfähig autonom entscheidungs- freudig unbeirrbar kritisch eigenständig	intolerant gleichgültig kontaktschwach unsensibel einsame Ent- schlüsse störrisch mißtrauisch eigenbrödlerisch abweisend

zwanghafte Persönlichkeit Eigenschaften	
positive	negative
exakt pünktlich systematisch ausdauernd fleißig zuverlässig ordentlich genau verlässig korrekt vorsichtig	pingelig pedantisch starr verbissen stre- berhaft langweilig putzwütig unflexibel bieder doktrinär kleinlich

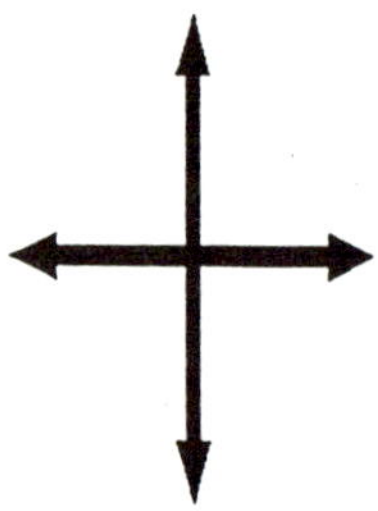

hysterische Persönlichkeit Eigenschaften	
positive	negative
spontan gewandt flexibel einstellungs- fähig risikofreudig innovations- freudig großzügig mitreißend überzeugend anregend	chaotisierend oberflächlich sprunghaft ablenkbar leichtsinnig unstetig unrealistisch launisch flatterhaft zigeunerhaft unruhig

depressive Persönlichkeit Eigenschaften	
positive	negative
resonanzfähig einfühlsam kamerad- schaftlich kontaktfähig empfindsam hilfsbereit beratend tolerant verstehend	resonanzabhän- gig nachgiebig kumpelhaft aufdringlich empfindlich lästig entscheidungs- schwach lasch anbiederisch sich überfor- dernd

Abb. 2 Zusammenfassung von positiven negativen Eigenschaften der Persönlichkeitstypen.

5.5 Stufenmodell der riemannschen Persönlichkeitstypologie

Das folgende Modell von Dr. Helga Kästner verdeutlicht die Stärkegrade der einzelnen Persönlichkeitstypen, die siebenfach abgestuft sind.

Jeder Mensch läßt sich aufgrund seiner Persönlichkeitsstruktur in diese Typologien einordnen. In der Regel kommen jedoch Mischungen mehrerer Strukturtypen vor.

Seelisch gesund ist, wer die vier Grundimpulse von der Mitte aus (1-4) ausgewogen zu leben vermag.

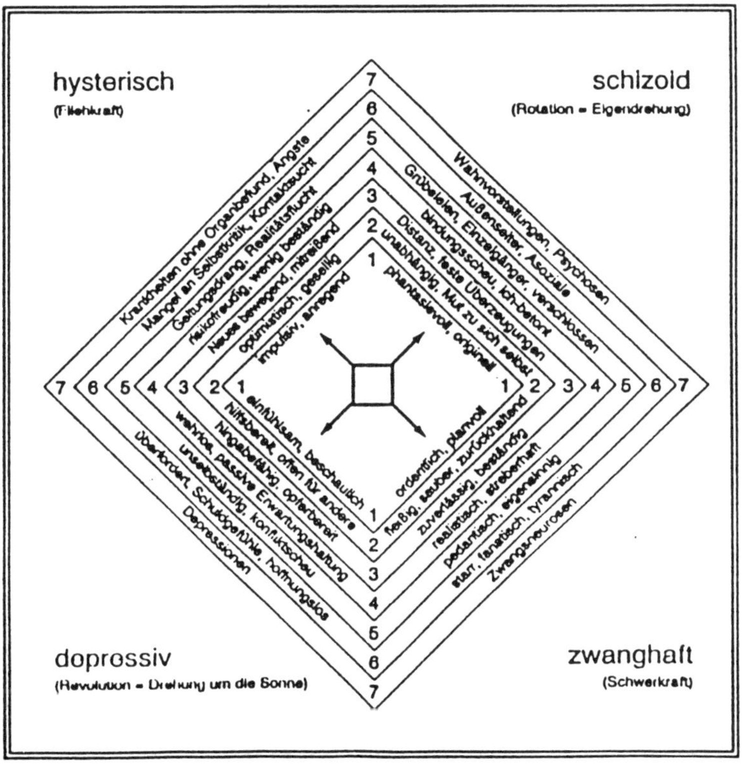

Abb. 3 Stufenmodell der riemannschen Persönlichkeitstypologie

Einseitigkeiten oder Überwertigkeiten einzelner Grundzüge (5-7) können zu Verhaltensstörungen bis hin zu den vier extremen Formen Depression, Schizophrenie, Zwangsneurose und Hysterie führen. Bei diesen Formen ist es dem Betroffenen nicht mehr möglich, aus eigener Kraft mit dem Problem fertig zu werden. Er benötigt dann psychologische Hilfe.

C. Die Bedeutung der Persönlichkeitstypologie für die Führungskraft

Die Persönlichkeitstypologie nach Riemann beschreibt vier Charaktere, ihre Entwicklung und ihre Verhaltensmuster. Diese Ausführungen können dazu dienen, die Menschenkenntnis der Führungskraft zu verbessern und ihr zu helfen, Konflikte mit Mitarbeitern, Gleichgestellten und/oder Vorgesetzten besser zu bewältigen.

Weiterhin stellt sich für die Führungskraft die Frage nach der Leistungsfähigkeit, die der einzelne Persönlichkeitstyp besitzt und welches Entwicklungspotential er in das Unternehmen einbringen kann.

In dem nächsten Kapitel wird die Leistungsfähigkeit der einzelnen Persönlichkeitstypen näher untersucht und Parallelen zur Theorie von Riemann herausgearbeitet.

1. Die Leistungsfähigkeit der vier Persönlichkeitstypen

1.1 Die Leistungsfähigkeit der schizoiden Persönlichkeit

Durch die fehlende Interaktion mit der Umwelt entstehen bei der schizoiden Persönlichkeit Lücken im zwischenmenschlichen Bereich. Werden die Lücken zu groß, besteht die Möglichkeit, daß sich gewisse Bereiche der Realität des schizoiden Menschen unbewußt verändern oder ganz ausblenden.

Er fühlt sich von seiner Umwelt zu wenig gefordert und wird passiv. Die Folge ist unbewußte oder bewußte Zurücknahme der eigenen Leistungsfähigkeit bis hin zur Leistungsminderung und völligen Passivität.

Diese Problematik tritt am deutlichsten hervor, wenn Leistung im zwischenmenschlichen Bereich gefordert wird und Kontakt zu anderen Personen notwendig ist. Als Beispiel sei hier die Teamarbeit genannt.

Der fehlende Umgang mit anderen, die daraus resultierenden Lücken sowie ihre Distanziertheit erschweren der schizoiden Persönlichkeit den sozialen Anschluß an die Gruppe. Sie wird zum Außenseiter, zieht sich immer mehr zurück und erbringt nicht die geforderte Leistung.

Besteht für sie die Möglichkeit, diese Distanziertheit und das fehlende soziale Verhalten durch rein rational geführte Diskussionen und Auseinandersetzungen zu ignorieren, können schizoide Menschen zu "außerordentlichen Leistungen durch ihre Fähigkeit zu abstrakt-theoretischem Denken, zu Sachlichkeit, Objektivität, Beobachtungsgabe und Ungebundenheit kommen."[37]
Durch "richtige Führung" wird in schizoiden Menschen ein hohes Entwicklungspotential aktiviert.

1.2 Die Leistungsfähigkeit der depressiven Persönlichkeit

Die Leistungsfähigkeit der depressiven Persönlichkeit ist gering. Die Gründe dafür sind zum einen ihre Unfähigkeit, Auseinandersetzungen jeder Art durchzustehen und sich zu behaupten. Zum anderen spielt das fehlende "Zugreifen-können", der Mangel an gesundem Egoismus, eine wesentliche Rolle. Die Enttäuschung über das eigene Versagen läßt keinen Erfolg zu und verstärkt die Unfähigkeit, aktiv und zukunftsorientiert zu planen.

Die Welt erscheint dem Depressiven durch seine Ich-Schwäche blaß und farblos. Er hat den Eindruck, seine Umwelt versucht ihn zu erdrücken. Der ständigen Erwartungshaltung und dem Leistungsdruck ist der Depressive nicht gewachsen. Die motivierenden Leistungsanreize der Umwelt haben auf den Depressiven eher eine demotivierende Wirkung.

Wenn die depressiven Anlagen noch nicht so stark ausgeprägt sind, versucht er, Hoffnungslosigkeit und Unfähigkeit durch Ehrgeiz zu kompensieren. Sein Verhalten ist dabei aber zu angepaßt, überbetont hilfsbereit und pflichtbewußt.

1.3 Die Leistungsfähigkeit der zwanghaften Persönlichkeit

Der Versuch, Aggressionen zu beherrschen und zu unterdrücken sowie mit den gesetzten und nicht gesetzten Grenzen umzugehen, bewirkt bei der zwanghaften Persönlichkeit schon im Kindesalter eine übermäßige Leistungsanforderung. Bei einem zwanghaft veranlagten Erwachsenen können sich diese Erfahrungen leistungshemmend auswirken.

[37]Vgl. Seibt, Friedrich, Psychoanalytische Charakterlehre, München 1977, S. 48.

Ihre Unentschlossenheit im Bezug auf fällige Entscheidungen spiegelt den Kampf zwischen Impuls und Gegenimpuls wieder, der schnelle Entscheidungen verhindert.

Ihr starkes Sicherheitsbedürfnis läßt Leistung nur in eingefahrenen Bahnen zu, in denen alles perfekt und genau geplant ist. Zwanghafte Menschen neigen zu Perfektionismus. "Fehler und Irrtümer dürfen nicht vorkommen, und im Extrem wird er nie fertig mit Korrekturen und Verbesserungen. Er wagt nicht zu improvisieren, und seine Konzepte sind zu konservativ."[38]

Zwanghafte Menschen sehen ihre starren Systeme, die sie fortlaufend kontrollieren, durch neue Erkenntnisse und Entwicklungen bedroht. Sie sind auch nicht in der Lage, schöpferisch tätig zu sein.

Der berufliche Aufstieg dient nur der Befriedigung ihrer Sicherheits- und Machtbedürfnisse. Die zwanghafte Veranlagung verhindert die Ausnutzung ihres Leistungspotentials und wirkt leistungshemmend auf ihre Mitarbeiter.

Eine weniger stark ausgeprägte zwanghafte Persönlichkeitsstruktur kann sich dagegen positiv auf die Leistungsfähigkeit auswirken. Eigenschaften wie z.B. Pflicht- und Verantwortungsgefühl, Stabilität und Ausdauer, Exaktheit und Konsequenz sowie die Fähigkeit, vorausschauend zu denken und zu planen, wirken sich dann leistungssteigernd aus.

1.4 Die Leistungsfähigkeit der hysterischen Persönlichkeit

Hysterische Persönlichkeiten sind nicht fähig, Leistungen zu erbringen, wenn diese in Zusammenhang mit Pflichtbewußtsein, Verbindlichkeit und Konsequenz erbracht werden muß.

Sie kann sich nur für kurze Zeit mit einer Thematik beschäftigen. Ohne die notwendige Ausdauer läßt sie sich leicht ablenken, in der Hoffnung, trotz ungenügender Anstrengung die erforderliche Leistung zu erbringen. Wichtige Projekte werden nicht durchgehalten, Stellen werden häufig gewechselt.

---

[38] Vgl. Seibt, Friedrich, a.a.O., S. 61.

Ihre Leistungsfähigkeit ist abhängig von den beteiligten Personen. Geltungs-, Rivalitäts- und Konkurrenzprobleme können auftreten, da hysterische Menschen in der Regel auf ihren Vorteil bedacht sind.

Die positiven Seiten ihrer Persönlichkeit sind Überzeugungskraft und Begeisterungsfähigkeit sowie Improvisationsvermögen. Aufgaben, die von hysterischen Menschen Anpassungsfähigkeit, Risikofreude und Kontaktfreudigkeit erfordern, werden gerne bewältigt.

Die Ideen von hysterisch Strukturierten sind originell, inspiriert durch ihre Denkweise, die sich nicht zu sehr nach "erwachsenen" Vorbildern richtet.[39]

Sie sind Führernaturen, denen die Funktion des Initiators und Organisators mehr liegt, als die notwendigen Kleinarbeiten.

---

39 Vgl. König, Karl, a.a.O., S. 88.

1.5 Gegenüberstellung der vier Persönlichkeitstypen bezüglich ihrer Leistungsfähigkeit

	schizoide Persönlichkeit	depressive Persönlichkeit
Leistungsfähigkeit	- Leistungsminderung durch fehlenden Aufforderungscharakter der Umwelt - Leistungsmangel bei Tätigkeiten mit zwischenmenschlichen Kontakt wie z.B. Teamarbeit - Höchstleistungen werden erbracht, wenn die Persönlichkeitsstruktur noch nicht so ausgeprägt ist	- keine große Leistungsfähigkeit, bedingt durch die fehlende aggressive Auseinandersetzung mit der Umwelt und der Ich-Schwäche - Ist der Stärkegrad noch nicht so stark, dann sind sie leistungsfähig, aber zu angepaßt und betont pflichtbewußt

Tab. 4 Die Leistungsfähigkeit des Schizoiden und des Depressiven.

	zwanghafte Persönlichkeit	hysterische Persönlichkeit
Leistungsfähigkeit	- die frühkindliche Überforderung kann zu Arbeitsstörungen führen - Leistung nur in eingefahrenen Bahnen. - keine schöpferische Leistung. - Höchstleistungen bei leichter Intensität möglich.	- Leistungsbereitschaft ist personenabhängig. - Leistungsstärken liegen im Überzeugen und Begeistern. - Leistungsschwächen liegen in Verantwortlichkeit, Konsequenz und Ausdauer.

Tab. 5 Die Leistungsfähigkeit des Hysterischen und des Zwanghaften.

2. Verhaltenshinweise im Umgang mit der eigenen Person

Für die Führungskraft ist es von besonderer Bedeutung den eigenen Charaktertyp oder zumindest diesbezügliche Tendenzen zu erkennen.

Jeder der vier Charaktertypen, deren psychologische Hintergründe in den vorherigen Kapiteln dargestellt wurden, besitzt sowohl wünschenswerte wie auch weniger wünschenswerte Verhaltensweisen und Eigenschaften. Für jeden Einzelnen ist es wichtig, diese charakterspezifischen Eigenarten zu erkennen, zu nutzen und gegebenenfalls abzuschwächen. Die folgenden Abschnitte sollen eine Hilfestellung dabei leisten.

2.1. Hinweise für Menschen mit vorherrschend schizoiden Charakteranteilen

Der schizoide Charaktertyp besticht durch sein klares, kritisches Denken und seine Intellektualität. Es macht ihm Spaß, Dinge abstrakt zu sehen und sachlich zu analysieren. Auf viele Menschen wirkt dies bedrohlich und ängstigend. Sie fühlen sich in die Enge getrieben und überfordert. Oft langweilen die abstrakten und trockenen Reden des Schizoiden. Er sollte daher nicht immer auf alles eine Antwort parat haben und sich mit dem Gedanken anfreunden, daß man auch mal ohne seinen Rat auskommen kann.

Der Schizoide ist der "lonesome cowboy" im täglichen Leben. Lieber arbeitet er alleine und kann dabei äußerst viel leisten. Der Schizoide sollte sich daher um Tätigkeiten bemühen, die er ohne Mitarbeit anderer erledigen kann. Wenn einmal Teamarbeit von Nöten ist, so sollte er sich hierbei auf analytische Bereiche beschränken, größere Gruppen sind hierbei immer geeigneter als kleinere.

Verantwortung übernehmen und sich Konflikten stellen ist eine der Stärken des Schizoiden. Hierbei stößt er seine Mitarbeiter jedoch oft vor den Kopf, da er sie massiv kritisiert und dies noch mit zynischen und verletzenden Bemerkungen versieht. Der Schizoide sollte sich daher um gemäßigte, jeder Zeit sachliche Argumentation bemühen und sich an die eigene Empfindlichkeit gegenüber Kritik erinnern. Hierdurch aufgestaute Aggressionen sollten auf anderen Gebieten (Joggen, Gartenarbeit) beseitigt werden.

Im Umgang mit ihren Mitmenschen verhalten sich schizoid veranlagte Personen eher distanziert, und es fällt ihnen schwer, Gefühle in Worte zu fassen.

2.2. Hinweise für Menschen mit vorherrschend depressiven Charakteranteilen

Der Depressive ist oft "mit seinem Schreibtisch verheiratet". Für seinen Beruf gibt er alles. Überstunden machen ihm keine Probleme, er erledigt so etwas sogar gerne. Es ist seine große Stärke, daß man sich auf ihn verlassen kann. Die Nachteile dieses Verhaltens machen sich jedoch früher oder später bemerkbar. Der Depressive überfordert sich. Er sollte daher viel schneller die Notbremse ziehen und sich in seinen Aktivitäten mäßigen. Er sollte einen schonenden Umgang mit sich und seinem Körper lernen und lieber einmal etwas weniger mit weniger Anstrengung erledigen.

Das Wort "Nein" fehlt dem Depressiven. Er ist nicht in der Lage, ihm übertragene Aufgaben abzuweisen, selbst wenn er genau weiß, daß er sie in der vorgegebenen Zeit nicht bewältigen kann. Ein "Nein" seiner Mitarbeiter kränkt ihn zutiefst. Das, was er selbst leistet, sollen auch die anderen leisten.
Der Depressive sollte sich um eine realistische Einstellung zur Arbeit bemühen. Mit seinen Mitarbeitern sollte er gemeinsam Arbeitspläne erarbeiten und bei seiner persönlichen Planung das angestrebte Soll direkt um ca. 10% kürzen.

Der Depressive frißt alles in sich hinein. Bevor er sich beschwert, ist es meistens schon zu spät. Wut und Ärger haben sich so stark aufgestaut, daß Wutausbrüche und "aus der Haut fahren" die Folgen sind. Der Depressive sollte lernen, mit Kritik nicht zu zögern und nicht erwarten, daß man ihm seine Wünsche von den Augen abliest.

2.3. Hinweise für Menschen mit zwanghaften Charakteranteilen

Der Zwanghafte erledigt alles genau und ausführlich. Ihm können langwierige und komplizierte Probleme zugewiesen werden. Oft verzettelt er sich durch seinen Hang zum Perfektionismus, gerät in Zeitnot und wird nicht fertig.

Der Zwanghafte ist gut im Planen, daher sollte er sich zu Beginn einer Aufgabe einen Arbeitsplan mit genauen Zeiteinteilungen erstellen, so daß er weiß, wo seine Grenzen sind. Er sollte darauf achten, daß er aufgrund seiner Geduld und Ausdauer nicht von seinen Mitmenschen ausgenutzt wird.

Der Zwanghafte will alles 100%-ig machen. Auch Entscheidungen müssen sorgfältig erarbeitet werden. Oft wird hierbei solange "gearbeitet", bis es für eine Entscheidung zu spät ist. Der Zwanghafte sollte sich für solche Fälle auf wenige, gute Ratgeber beschränken und sich immer wieder verdeutlichen, daß es DIE optimale Lösung nicht geben kann.

Mit Aggressionen kann der Zwanghafte nicht leben, sie sind ihm ein Greuel. Er liebt die Ruhe und den Frieden. Viele Menschen erwarten aber ein gewisses Maß an aktiver Meinungsäußerung und wollen, daß Probleme angesprochen werden. Der Zwanghafte sollte sich daher mit seinen Ansichten nicht des lieben Friedens wegen zurückhalten, sondern sie offen und aktiv äußern.

2.4. Hinweise für Menschen mit vorherrschend hysterischen Charakteranteilen

Die Stärke des Hysterischen sind seine schnelle Auffassungsgabe und seine Aufgeschlossenheit gegenüber Innovationen. Andere Menschen werden von diesen Eigenschaften überfordert, sie vermissen ein korrektes, ruhiges Vorgehen. Der Hysterische sollte daher für sich und andere vieles bedächtiger angehen. Bei zu großer Begeisterung sollte er selber kritisch gegenarbeiten, dadurch vermeidet er Fehler und eine nachträgliche Bearbeitung.

Durch sein offenes Wesen gewinnt der Hysterische schnell Freunde und kann als Führungskraft Mitarbeiter motivieren und mitreißen. Er besitzt Charme und Anziehungskraft, sollte Zuneigung aber nur beteuern, wenn sie wirklich ernst gemeint ist, um Enttäuschungen zu vermeiden. Hysterische Menschen wollen gefallen und geliebt werden, neigen aber dazu, ihre eigene Persönlichkeit und Meinung zu diesem Zweck zurückzustellen.

Nichts macht dem Hysterischen mehr Spaß, als anderen Freude zu bereiten. Er riskiert dabei aber auch, über seinen Kenntnisstand und seine Leistungsfähigkeit hinaus zu agieren und andere durch "leere" Versprechungen zu enttäuschen.

Hysterische Menschen möchten schnell alles können, nehmen sich aber zuwenig Zeit zum Üben und verlieren durch ihre Ungeduld die Lust an der Tätigkeit. Sie neigen dazu, anderen die Schuld für ihre Mißerfolge zu geben und drücken sich gerne vor der Verantwortung.

3. Verhaltensweisen im Umgang mit Mitarbeitern

Für die Führungsperson ist neben dem Wissen um den eigenen Charaktertypus auch der seiner Mitarbeiter von großer Bedeutung, denn jede Situation wird von den daran Beteiligten unterschiedlich wahrgenommen und unterschiedliche Reaktionen sind die Folge. Die Führungskraft muß sich selber fragen, warum sie sich genau so verhält und warum der Mitarbeiter ein anderes Verhalten zeigt.

Die Charaktertypen der Mitarbeiter zu erkennen ist schwer. Bei Mitarbeitern, die schon länger im Unternehmen sind, muß die Führungskraft sich auf eine gute Beobachtungsgabe verlassen und ihre Einschätzungen immer aufs Neue überprüfen.

Im folgenden werden nun einige Hilfestellungen für Führungskräfte gegeben, um die Mitarbeiter nach deren Neigungen günstiger einzusetzen und ungefähr abzuschätzen, was von ihnen zu erwarten ist.

3.1. Der Umgang mit Mitarbeitern mit vorrangig schizoiden Charakteranteilen

Der Schizoide ist durch seine Stärken eine gute Führungspersönlichkeit. Ihn kann man mit wichtigen Aufgaben betreuen. Diese erledigt er aber lieber alleine. Ein kleines Projekt mit dem nur er sich beschäftigen muß, wird den größten Erfolg bringen.

Er kritisiert gerne, wird aber nicht gerne kritisiert. Vorgesetzte sollten daher nicht schon bei Kleinigkeiten reagieren. Darüber hinaus sind Reaktionen auf Kritik oft sehr massiv. Auf lebhaft geäußerte Aggressionen sollte mit ruhigem Verhalten reagiert werden. Auch Lob sollte sich in Grenzen halten, da der Schizoide grundsätzlich von seinen besonderen Fähigkeiten überzeugt ist.

Der Schizoide arbeitet gerne an etwas "Höherem". Er möchte das Gefühl haben, etwas Wichtiges und Entscheidendes zu leisten. Wissenschaftliche Errungenschaften können ihn begeistern. Das Unternehmen selber tritt hierbei oft in den Hintergrund.

3.2. Der Umgang mit Mitarbeitern mit vorrangig depressiven Charakteranteilen

Wird hoher Arbeitseinsatz gefordert, so kann die Führungskraft sich ganz auf den Depressiven verlassen, der dazu neigt, sich mit Menschen, Aufgaben und Dingen stark zu identifizieren. Hieraus resultiert die Gefahr der Überbelastung des Mitarbeiters. Dem Vorgesetzten zu liebe werden Überstunden geleistet und mehr Arbeit angenommen als zu bewältigen ist. Depressive Mitarbeiter darf man nicht überfordern. Die Führungskraft muß erkennen, wo die Grenzen des Angestellten oder Arbeiters liegen; er selber kann dies nicht.

Der Depressive braucht die Anerkennung. Ein gewisses Maß an Lob braucht er täglich, seine Leistungen müssen stetig begutachtet werden und kleineren Fehlern sollte keine große Bedeutung beigemessen werden.

Der Depressive fühlt sich in der Umgebung von Menschen wohl und zeigt hier großen Einsatz. Ihm ist die Anerkennung der anderen wichtig. In einem Team wird er zwar das gemeinsame Projekt nicht voran treiben aber die Gruppe zusammenhalten und darauf achten, allen Mitgliedern die gleiche Beachtung zu schenken.

3.3. Der Umgang mit Mitarbeitern mit vorrangig hysterischen Charakteranteilen

Werden kluge Köpfe mit neuen Ideen gesucht, so sind hysterische Personen die Lösung. Der hysterische Mitarbeiter sprüht vor Kreativität und Einsatzfreude. Nichts macht ihm mehr Spaß, als etwas Neues zu beginnen. Unterstützt wird dieser Drang durch seine Kontaktfreude. Hysterische Menschen kennen immer "Gott und die Welt". Daher können sie auch oft scheinbar unlösbare Projekte in die Tat umsetzen.

Innerhalb eines Teams sind die Hysterischen diejenigen, die eine Entwicklung vorantreiben. Ins Stocken geratene Projekte treiben sie durch ihre mitreißende Art und ihre große Fähigkeit zur Motivation wieder an.

Von Hysterischen kann aber nach einer Entwicklungsphase, wenn alles sich normalisiert und geordnet hat, keine große Leistung mehr erwartet werden.

Sie empfinden ihre Tätigkeit dann als langweilig und nicht fordernd; der Kleinkram interessiert sie nicht. Ein Vorgesetzter sollte versuchen neue Anreize zu bieten und nicht erwarten, daß bei der täglichen Routine ein besonders hohes Maß an Genauigkeit und Ordentlichkeit erwartet werden kann. Auf Tatbestände wie etwa Pünktlichkeit sollte jedoch bestanden werden.

3.4. Der Umgang mit Mitarbeitern mit vorrangig zwanghaften Charakteranteilen

Der Zwanghafte arbeitet gerne an langwierigen, gleichmäßigen Prozessen. Routine empfindet er als angenehm, ständige Veränderungen als bedrohlich. Führungskräfte sollten solche Personen daher in Bereichen einsetzen, die ein hohes Maß an Geduld und Ausdauer fordern.

Eilig zu treffende Entscheidungen kann ein Vorgesetzter von einem zwanghaften Mitarbeiter nicht erwarten. Er braucht hierfür viel Zeit und Unterstützung bei der Entscheidungsfindung. In Bereichen, wo Spontanität und Mut verlangt werden, können keine großen Leistungen erwartet werden.

Dadurch, daß Zwanghafte sich oft mit Tätigkeiten beschäftigen, die Gleichmäßigkeit voraussetzen und ihre Arbeit genauestens erledigen wollen, erwecken sie den Eindruck, sie wären perfekt. Eine Führungskraft sollte sich dieses Verhaltens bewußt sein, mit Fehlern rechnen und bei deren Auftreten nicht enttäuscht sein.

4. Die Persönlichkeitstypen und ihre Mitarbeit im Unternehmen

In diesem Kapitel wird die Mitarbeit in einem Unternehmen unter den Gesichtspunkten der riemannschen Persönlichkeitstypologie betrachtet. Es werden vier Mitarbeiter-Typen herausgearbeitet, deren Verhaltensweisen sich auf die vier Typologien von Riemann zurückführen lassen.

Besonderer Wert wird auf den Konflikt zwischen der Führungskraft und ihren Mitarbeitern gelegt. Mit Hilfe der gewonnenen Erkenntnisse sollen Ursachen von Konflikten erkannt werden und Lösungsmöglichkeiten gegeben werden.

4.1. Die Verhaltensmuster zwischen Führungskraft und Mitarbeitern

Konflikte zwischen der Führungskraft und den Mitarbeitern entstehen als Reaktion auf Spannungen, die sich plötzlich emotional äußern können. Die Emotionalität kann eine vernunftbestimmte Auseinandersetzung in dieser Beziehung stören oder verhindern.
Es stellt sich die Frage: Welche Mitarbeitertypen existieren und wie verhalten sie sich?
Zwischen dem Führenden und den Geführten besteht eine vertikale Beziehung, geprägt von Erwartungen an den jeweils anderen und an sich selbst.

Die Beziehung Vorgesetzter/Untergebener wird geprägt durch:

I. Herrschaft
Der Begriff Herrschaft beinhaltet die Verhaltensweisen Beherrschung und Unterordnung. Einerseits besteht das Bedürfnis, den Vorgesetzten zu beherrschen und andererseits von ihm beherrscht und geführt zu werden.

II. Verhalten
Das Verhalten kann in die beiden gegensätzlichen Verhaltensweisen Aktivität und Passivität aufgeteilt werden.

Auf der einen Seite ergreift der Mitarbeiter die Initiative und wirkt aktiv auf den Betriebsablauf ein. Auf der anderen Seite wartet er auf Aktionen seiner Umwelt - oder speziell seines Vorgesetzten - und reagiert erst auf diese Anregungen.

Aus der Kombination der beiden Tendenzen ergeben sich vier Verhaltensmöglichkeiten des Mitarbeiters, die in der folgenden Grafik dargestellt werden:

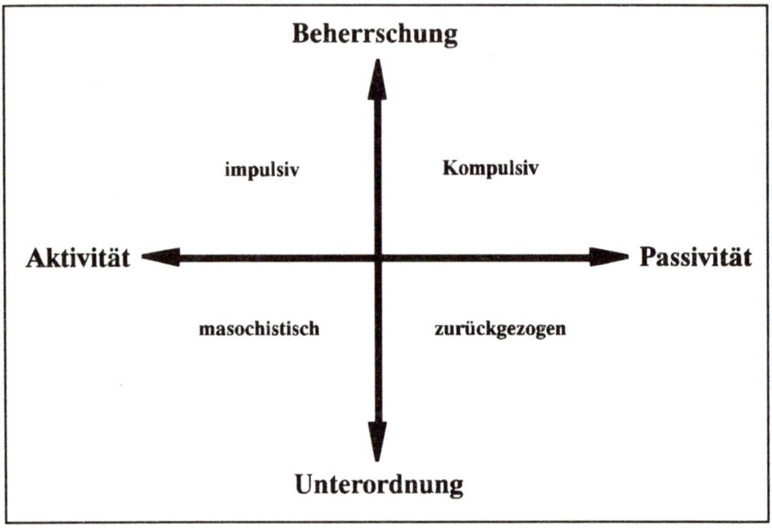

Abb. 3 Die Verhaltensmöglichkeiten des Mitarbeiters.

Der aktiv-herrschende Mtarbeiter handelt impulsiv, der passiv-herrschende Mitarbeiter eher kompulsiv. Der masochistische Mitarbeiter vereint in sich aktives Verhalten und die Tendenz zur Unterwerfung. Der zurückgezogene Mitarbeiter neigt zur Passivität und verhält sich eher unterwürfig.

4.1.1. Der impulsive Mitarbeiter

Herrschaft: Berherrschung
Verhalten : Aktivität

Mitarbeiter, die sich in diese Gruppe einordnen lassen, versuchen aktiv, ihren Vorgesetzten zu beherrschen und zu steuern. Das wichtigste Mittel dazu ist Auflehnung.

Die daraus resultierenden Konflikte können zu einer Beendigung der Tätigkeit dieses Mitarbeiters führen.

In seiner Phantasie führt der impulsive Mitarbeiter einen Kampf mit der Führungsperson durch, den er aber aus Angst vor Verantwortung verlieren möchte. In Leitungs- und Führungspositionen haben impulsive Menschen Schwierigkeiten, die gestellten Aufgaben zu erfüllen.

Die positive Seite der Impulsivität ist das direkte Vorgehen. Impulsive Mitarbeiter halten nichts von übertriebener Anpassung und Unterwürfigkeit. Sie stehen zu ihren Ansichten und verteidigen diese in offenen Diskussionen mit dem Vorgesetzten.
Zusammenfassend kann gesagt werden, daß der konstruktiv-impulsive Mitarbeiter seinen Herrschaftsdrang positiv einzusetzen weiß, der destruktiv-impulsive Mitarbeiter dagegen eher von seinen Phantasien beherrscht wird.

Auf die vier Persönlichkeitstypen übertragen, handelt es sich bei dem impulsiven Mitarbeiter hauptsächlich um die hysterische Persönlichkeit. Übereinstimmungen sind bei dem aktiven Verhalten, der Spontaneität und dem Beherrschungsdrang, verbunden mit einem Mangel an Verantwortungsbewußtsein, gegeben.

4.1.2. Der kompulsive Mitarbeiter

Herrschaft: Beherrschung
Verhalten : Passivität

Mitarbeiter, die als kompulsiv bezeichnet werden können, versuchen sich ihren Drang nach Macht und Herrschaft auf passive Art zu befriedigen. Hierzu haben sie subtile und indirekte Mittel der Beeinflußung entwickelt. Passive Mittel sind beispielsweise Zweifeln, Unentschlossenheit, versteckte Aggression, verbunden mit der Weigerung, Verantwortung zu übernehmen. Auf diese Art versucht der kompulsive Mitarbeiter, seinen Vorgesetzten zu Verhaltensweisen oder Reaktionen zu "zwingen".

Ausschlaggebend für ein derartiges Verhalten sind Kindheitserfahrungen, die Schuldgefühle und Unsicherheit hervorrufen.
In der riemannschen Persönlichkeitstypologie kann dieser Mitarbeitertyp der zwanghaften Persönlichkeit zugeordnet werden.

4.1.3. Der masochistische Mitarbeiter

Herrschaft: Unterordnung
Verhalten : Aktivität

Der masochistische Mitarbeiter versucht durch aktive Mittel, sich der Führung seines Vorgesetzten zu unterwerfen. Er fordert die Reaktion der Führungsperson in der Absicht heraus, sich selbst zu schaden. Er bringt sich selbst durch Unaufmerksamkeit und unnötige Risiken in unangenehme Situationen. Die Folge ist ein aggressives Verhalten des Vorgesetzten. Bei Kollegen wird so Mitleid und Aufmerksamkeit geweckt.

Masochistische Mitarbeiter können Leistung nicht zielgerichtet einsetzen oder Verantwortung übernehmen. Sie neigen dazu, stellvertretend für alle anderen zu leiden.

Der Vergleich mit der Persönlichkeitstypologie nach Riemann ergibt Parallelen zu der depressiven Persönlichkeit. Depressiv veranlagte Menschen und masochistische Mitarbeiter neigen beide zu Abhängigkeiten von anderen Personen, in diesem Fall vom Vorgesetzten. Der Hang zum Selbstmitleid und der Aufopferungsdrang sind ebenfalls identisch.

4.1.4. Der zurückgezogene Mitarbeiter

Herrschaft: Unterordnung
Verhalten : Passivität

Mitarbeiter, deren Verhalten in diese Gruppe eingeordnet werden kann, versuchen sich mit passiven Mitteln zu unterwerfen. Sie distanzieren sich von der Außenwelt, haben kein Interesse an dem Inhalt und der Ausführung ihrer Aufgaben.

Das Verhalten resultiert aus mangelndem Umweltvertrauen und Kontaktunfähigkeit. Dem Vorgesetzten gelingt es nicht, den Mitarbeiter zu motivieren. Durch den Mangel an Kontakt und dem fehlenden Gedankenaustausch wird die Entwicklung einer Beziehung zwischen Führungsperson und Mitarbeiter verhindert.

Der zurückgezogene Mitarbeitertyp kann der schizoiden Persönlichkeit zugeordnet werden.

4.2. Lösungsansätze für Konfliktsituationen mit Mitarbeiter

Zur Lösung von Konflikten zwischen Vorgesetztem und Untergebenen ist es notwendig, beide Seiten der Beziehung zu betrachten.

Beide Parteien müssen lernen, Verantwortung für ihr beziehungsspezifisches Verhalten zu übernehmen und vergangene Konflikte nicht in die Gegenwart zu übertragen."Allzu oft werden die Vorgesetzten in Organisationen als die düsteren Vaterfiguren der Vergangenheit hingestellt und die ungelösten Konflikte auf sie übertragen."[40]

Schon bei der Betrachtung der riemannschen Theorie wurde deutlich, was für eine wichtige Rolle die kindlichen Entwicklungsphasen bezüglich der Entstehung von Angstformen und der Fähigkeit der Konfliktbewältigung spielen. Treten innerhalb dieser Phasen Ereignisse auf, die zu unüberwindlichen Ängsten führen, entstehen die Persönlichkeitsstrukturen mit ihren typischen Verhaltensweisen.

Die Persönlichkeitstypologie nach Riemann ermöglicht es, konfliktträchtige Verhaltensweisen mit der Vergangenheit in Beziehung zu bringen, zu analysieren und bewußt wahrzunehmen. Die Beschäftigung mit den Ängsten, deren Ursprung in der Vergangenheit liegt, fördert die Problembewältigung. Eine weitere Folge ist ein gesteigertes Verständnis für die Probleme und das Verhalten anderer Menschen.

So wehrt sich zum Beispiel ein zwanghafter (kompulsiver) Mitarbeiter gegen die Mitarbeit an einem Pionierprojekt. Er wird Zögern und Zweifeln und Probleme mit seinem Vorgesetzten bekommen. Die Führungskraft hätte mit Hilfe der Hintergrundinformationen diese Entwicklung voraussehen können. Falls eine Einteilung des Mitarbeiters zu dem Projekt unvermeidlich sein sollte, ist für den Vorgesetzten zumindest die Reaktion des Mitarbeiters verständlich und er kann versuchen, ihm die Angst vor der neuen Aufgabe zu nehmen. Die Führungskraft kann jedoch nicht als Therapeut fungieren, ihre Möglichkeiten sind begrenzt.

Die Persönlichkeitstypologie sowie die Aufteilung in die verschiedenen Arten des Mitarbeiterverhaltens sollen der Führungskraft die Möglichkeit geben, "den realistischen Sachverhalt innerhalb ihrer Arbeitsbeziehungen von den neurotischen Konflikten der persönlichen Entwicklung zu trennen."[41]

Die folgenden Regeln sollen dazu beitragen, Konflikte zwischen Führungskraft und Mitarbeiter zu vermeiden.

---

[40] Vgl. Zaleznik, Abraham, Das menschliche Dilemma der Führung, Wiesbaden 1976, S.85.

[41] Vgl. Zaleznik, Abraham, a.a.O., S. 108.

4.2.1. Erkenne dich selbst

Die erste Regel dient als Präventivmaßnahme. Um Konfliktsituationen zu vermeiden, sollten beide Parteien versuchen, sich in den anderen zu versetzen und das Problem von der anderen Seite betrachten.

Führungskräfte, die sich mit der Persönlichkeitstypologie auseinandergesetzt haben, werden sich tendentiell in einer Persönlichkeitsstruktur wiedererkennen. Sie sollten dieses Wissen nutzen, um die Entwicklung und den Verlauf von Auseinandersetzungen zu überdenken und sich zu fragen, ob sie die Situation - verzerrt durch ihre eigene "Typenbrille" - falsch eingeschätzt und als Folge überreagiert haben.

Ziel der Überlegungen soll sein, von Anfang an objektiver an mögliche Konfliktsituationen heranzutreten, um unnötige Probleme zu vermeiden.

Beide Seiten in der vertikalen Beziehung Mitarbeiter / Vorgesetzter müssen darauf achten, ihre Standpunkte klar zu vertreten und rational statt emotional zu diskutieren. Nur so besteht die Möglichkeit, die Meinung des Diskussionspartners anzuhören und eventuell anzunehmen.

4.2.2. Meide das lähmende Reziprokverhalten

Unter Reziprokverhalten ist das Verhalten zu verstehen, das ein anderer Mensch - mit dem wir in Beziehung stehen - von uns erwartet. Ebenso erwarten die aufgeführten Mitarbeitertypen ein reziprokes Verhalten ihres Vorgesetzten. Beispielsweise versucht der zwanghafte/kompulsive Mitarbeiter durch seine Unentschlossenheit und sein Zögern, die Verantwortung auf die Führungskraft abzuwälzen und ihr die Entscheidung zu überlassen.

Die Führungskraft muß erkennen, daß reziprokes Verhalten nicht nur positive Aspekte besitzt. Die Entscheidung anstelle des Mitarbeiters zu treffen und ihn der Verantwortung zu entheben, ist falsch.

Die folgende Tabelle stellt die Verhaltensweisen der Mitarbeiter und das daraus resultierende Reziprokverhalten der Vorgesetzten dar. Weiterhin werden Vorschläge für vernünftigere Reaktionen angegeben.

Mitarbeitertyp □	Verhaltensweise	Reziprokverhalten der Führungskraft	situationsadäquates Verhalten
impulsiver Mitarbeiter	Auflehnung	Sich auf den Kampf einlassen mit der möglichen Konsequenz der Eskalation.	Die Führungskraft muß dem Mitarbeiter ein mittleres Maß an Verantwortung übergeben und ihn mit seinen Stärken (Überzeugungsfähigkeit)in den Betriebsprozeß einsetzen.
kompulsiver Mitarbeiter	Unentschlossenheit, Zweifeln und Zögern.	Entscheidungen und Verantwortung bleiben bei der Führungskraft.	Die Führungskraft sollte in häufigen Gesprächen mit dem Mitarbeiter Entscheidungen zusammen erarbeiten, die Verantwortung trägt letztendlich der Mitarbeiter .
masochistischer Mitarbeiter	Mitleid erwekken, mangelnde Aufmerksamkeit, unnötige Risiken erzeugen .	strenges bis sadistisches Verhalten der Führungskraft, Ausleben der vertikalen Machtposition .	Durch Aufbau eines partnerschaftlichen Verhältnisses die vertikale Beziehung zum Mitarbeiter kompensieren. Dadurch kann der Mitarbeiter möglicher-weise Lob und Anerkennung wieder annehmen.
zurückgezogener Mitarbeiter	Inhalt und Ausführung der Arbeit sind unwichtig, Unkonzentriert-heit, geistige Abwesenheit.	Die Führungskraft soll den Mitarbeiter in Ruhe lassen und sich nicht um ihn kümmern.	Die Führungskraft soll die Distanziertheit zum Mitarbeiter bewahren und ihn für Einzelaufgaben einsetzen, so daß er aus dieser Sicherheit heraus Interesse für seine Arbeit empfindet.

Tab. 6 Reziprokverhalten und situationsadäquates Verhalten der Führungskraft .

4.2.3. Beachte die Resonanzwirkung

Innerhalb der Gesellschaft, im Rahmen der Kommunikation, neigen die Menschen dazu, mit Äußerungen anderer Personen, z.B. Gefühlsäußerungen, zu symphatisieren oder diese abzulehnen. Resonanzwirkung bedeutet hier die - durchaus positive - Aufnahme und Wiedergabe von Gefühlen.

Je stärker das Einfühlungsvermögen ausgeprägt ist, umso stärker wird die Resonanzwirkung sein. Diese Menschen können sich gut in die Lage anderer versetzen, es besteht die Gefahr, daß sie die Quellen der Gefühle vergessen und sie als eigene Gefühle ansehen.

Wenn zum Beispiel ein hysterischer/impulsiver Mitarbeiter versucht, einen Kollegen oder dessen Leistung bei dem Vorgesetzten herabzusetzen, besteht die Gefahr, daß dieser aufgrund von Resonanzwirkung die Ansichten des Mitarbeiters als seine eigenen betrachtet. Die Führungskraft muß den Resonanzeffekt erkennen und ihn vermeiden, indem sie sich selbst ein Bild von der geschilderten Situation macht. Gelingt es ihr, kann sie situationsadäquat reagieren und einer Konfliktsituation ausweichen.

4.2.4. Konkretisiere den Konflikt

Im Fall von Konflikten in der Beziehung Mitarbeiter/Vorgesetzter wird diese belastet und die Kommunikation verringert sich. Anhand der riemannschen Informationen ist bekannt, daß die Ursache hierfür oft emotional gesteuerte Handlungen von beiden Seiten sind.

Gefühlsäußerungen als Gegenstand der Auseinandersetzungen verstärken den Konflikt aus zwei Gründen: erstens sind emotionale Beweggründe subjektiv und bilden eine schlechte Basis für rationale Diskussionen und zweitens kann die Ursachenforschung dieser Emotion schmerzhaft sein.

Deshalb ist es notwendig, Konflikte objektiv zu betrachten und zu konkretisieren. Die Auseinandersetzung muß auf inhaltlicher Basis und nicht auf der Gefühlsebene diskutiert werden.

D. Schlußwort

Sich mit der Menschenkenntnis auseinanderzusetzen und sich zu bemühen, die gewonnenen Erkenntnisse der Persönlichkeitstypologie richtig anzuwenden, wird für denjenigen, der in einer Führungsverantwortung steht, einen dreifachen Zweck haben.

Erstens wird jede Führungskraft im Umgang mit ihren Mitarbeitern besser in der Lage sein, sich auf individuelle Wesensart der verschiedenen Menschen einzustellen, d.h. sie wird mehr Verständnis für den Mitmenschen aufbringen können, kann sich anpassen und so zu einer entscheidenden Verbesserung der Kommunikation beitragen.

Insofern sind die Erkenntnisse der Persönlichkeitstypologie ein wichtiges Führungsmittel, das - wenn es von der Führungskraft richtig und bewußt angewendet wird - viel zum Betriebsklima und damit zur Lebensenergie eines Unternehmens beitragen kann.

Zweitens wird das Wissen über Verhaltensweisen der vier Persönlichkeitstypen bei jeder Führungskraft ein entscheidendes Hilfsmittel zur Selbsterkenntnis und zur Arbeit an sich selbst sein.

Die Selbsterkenntnis gewinnt für die Führungskraft in dem Maße an Bedeutung, je komplexer ihre Führungsaufgabe ist.

Eine Führung, die ein selbstständiges und mitverantwortliches Arbeitsverhalten der Mitarbeiter erzielen will, ist weniger durch unbekümmerte Selbstsicherheit zu erreichen, sondern braucht mehr Problembewußtsein der Führungskraft und Selbstkritik gegenüber dem eigenen Führungsstil.

Drittens wirkt sich das Wissen über die möglichen Persönlichkeitstypen und deren charakteristische Verhaltensweisen positiv bei der Beurteilung und Personalentscheidung aus.

Es ist wohl der Wunsch eines jeden Chefs und Personalleiters, daß "der richtige Mitarbeiter am richtigen Platz sitzt", aber nur mit Hilfe der Menschenkenntnis ist dieser Wunsch annähernd zu realisieren. Nur wenn über den Mitarbeiter und seine Fähigkeiten bessere Kenntnisse vorhanden sind, kann diesem eine ihm entsprechende Tätigkeit zugeordnet werden.

E. Glossar

Abwehrmechanismus: Die Art und Weise, wie der Mensch auf Impulse aus seinem Innern und auf Umwelteindrücke reagiert und mit ihnen umgeht. Impulse werden, wenn sie mit schlechten Erfahrungen verbunden sind, abgeblockt und umgewandelt oder anderen Menschen zugeschrieben. Beunruhigendes aus der Umwelt wird nur teilweise (selektiv) oder gar nicht wahrgenommen. Beispiele für Abwehrmechanismen sind *Verdrängung* (einen Impuls unbewußt machen), *Projektion* (Impulse anderen Personen zuschreiben) oder *Introjektion* (Impulse eines anderen sich selbst zuschreiben).

Adoleszenz: Das Alter der Jugendlichen nach eingetretener Geschlechtsreife, aber noch nicht abgeklungener Pubertät.

Affekt: Gefühlszustand von besonderer Intensität, umgangssprachlich wird dafür der Ausdruck "Erregung" benutzt. Handlungen, die im Affekt ausgeführt werden, entbehren oft jeder willentlichen, moralischen und sachlichen Aspekte.

Aggressivität: Allgemeine und umfassende Bezeichnung für gehäuft auftretendes feindseliges, sich in verbalen oder tätlichen Angriffen äußerndes Verhalten bzw. das Überwiegen feindselig-ablehnender und oppositioneller Einstellungen beim Menschen.

Angst: Allgemeine und umfassende Bezeichnung für eine Klasse von Emotionen, die auf der mehr oder weniger konkreten und mehr oder weniger realistischen Wahrnehmung, Erwartung oder Vorstellung von Gefahr und Bedrohung beruhen und mit einem als unangenehm bis quälend empfundenen Erregungszustand des Organismus einhergehen.

Angstneurose: Neuroseform, gekennzeichnet durch schwere manchmal chronische Angstzustände, Auftreten von akuter Panik möglich.

Anlagen: Im Sinne von Disposition die allgemeine und umfassende Bezeichnung für das Gefüge (Anordnung, Ordnung) der angeborenen neuralen und/oder psychischen Bereitschaften, bestimmte Erlebnis-, Handlungs- und Verhaltensweisen, Fähigkeiten und Fertigkeiten zu entwickeln.

Antinomie: Als Antinomie bezeichnet man einen Satz, der mit sich selbst in Widerspruch steht.

Charakter: In allgemeiner Bedeutung jede an einem Individuum beobachtbare Eigenheit bzw. die Summe aller Eigenheiten, die es ermöglicht, das einzelne Individuum oder Lebewesen (biologische Bedeutung) mit anderen zu vergleichen. In etwas engerer psychologischer Bedeutung die integrierte Gesamtheit aller individuellen Gewohnheiten, Gefühle und Ideale, die das Verhalten des Individuums relativ konstant und vorhersagbar machen.

Depression: Schwermütige Stimmungslage, Niedergeschlagenheit mit Hemmung des Gedankenablaufs. Wenn entsprechende äußere Ursachen vorliegen, ist das Auftreten depressiver Stimmungen eine normale Erscheinung. Die Depression ist aber auch ein typisches Erscheinungsbild bei verschiedenen Geisteskrankheiten.

Emotion: Emotionen oder auch Gefühle lassen sich nicht definieren, sondern nur umschreiben. Emotionen sind Erlebnisse wie z.B. Ärger, Freude, Abscheu und Mitleid, in denen sich persönliche Meinungen und Ansichten des Einzelnen bezogen auf seine Erlebnisinhalte wiederspiegeln. Mit den Emotionen verwandt sind die Stimmungen, sie sich aber durch einen wesentlich langsameren Verlauf auszeichnen.

Ersatzbefriedigung: Besänftigung von Triebimpulsen, die sonst nicht umgesetzt werden können und eine Bedürfnisspannung erzeugen, durch Übererfüllung von anderen Bedüfnissen, z.B. sexuelle Bedürfnisspannungen werden durch übermäßiges Essen "ersatzbefriedigt". Es entsteht ein Gefühl der Befriedigung, auch wenn der eigentliche Wunsch unerfüllt bleibt.

Gefühl: Bezeichnung für physiologische Veränderungen, die von der Wahrnehmung, Erinnerung oder Vorstellung einer Situation ausgehen.

Ich-Funktionen: Damit der Mensch mit sich und seiner Umwelt umgehen kann, setzt er verschiedene Fähigkeiten seines Ichs ein. *Introspektion*: Innenschau, *Realitätsprüfung:* zutreffende Wahrnehmung der Außenwelt. Der Mensch muß in der Lage sein, Realität und Phantasie zu unterscheiden, um seine eigenen Phantasien nicht der Außenwelt zuzuschreiben. Ansonsten kann es zu psychotischem Erleben kommen, z.B. der Mensch hört ermahnende Stimmen , d.h er bildet sie sich ein.

Interaktion: Wechselseitige Beeinflußung, Wechselwirkung, im sozialen Umfeld wird das Verhalten u.a. als Ergebnis von Interaktion betrachtet.

Hysterie: Dabei handelt es sich zunächst um einen psychischen Krankheitszustand, bei dem neben seelischen Störungen besonders auch körperliche Symptome auftreten können, ohne daß körperliche Ursachen dafür nachweisbar sind. Ursachen dafür können emotional stark belastende (traumatische) Erlebnisse sein, die nicht normal verarbeitet wurden. Neben dem Krankheitszustand Hysterie existiert ein hysterischer Charakter, der sich durch emotionale Labilität, starke Affekterregbarkeit bei geringer Nachhaltigkeit der Gefühle, psychischen Infantilismus und starke Ich-Bezogenheit auszeichnet.

Kognitiv: Erkenntnismäßig, auf die Erkenntnis bezogen.

Kompensation: In der Psychoanalyse Bezeichnung für einen angenommenen Mechanismus, der individuelle Schwächen oder Defekte verdeckt, indem relativ defektlose oder aber sozial wünschenswerte Verhaltensweisen in besonderer Stärke und Häufigkeit auftreten.

Manisch-depressiv: Es handelt sich hierbei um eine Psychose mit recht unterschiedlichem Krankheitsbild. Depressive Phasen wechseln sich mit manischen Phasen ab.

Masochismus: Bezeichnung für sexuelle Lustgefühle bei zugefügtem körperlichem Schmerz.

Narzißmus: Tendenz des Menschen, auf körperliche Attribute und Taten unverhältnismäßig viel Wert zu legen. Es handelt sich nicht um sexuelle Perversion, da mit Narzißmus keine sexuelle Befriedigung verbunden ist.

Neurose: Kategorie der milderen Formen psychischer Störungen, neurotisch veranlagte Menschen behalten ihre Orientierung in der Umwelt bei, bleiben in Kontakt zur Realität, ihre kognitiven und emotionalen Prozesse sind jedoch soweit gestört, daß die wirksame Lebensanpassung behindert wird.

Ödipuskomplex Die sexuelle Bindung des Sohnes an die Mutter, die sich während der phallischen Phase entwickelt. Der Junge begehrt nach der Entdeckung des anatomischen Unterschiedes seine Mutter und rivalisiert mit dem Vater um ihre Gunst.

Paranoia: Bedeutet heute, in einem Wahn gefangen zu sein, eine paranoide Idee ist ein Wahn, der näher bestimmt werden kann als z.B. Verfolgungs-, Größen- oder religiöser Wahn.

Paranoide Persönlichkeit: Form der Persönlichkeitsstörung, die durch ein umfassendes und oft organisiertes System von Wahnvorstellungen gekennzeichnet ist.

Persönlichkeitsmerkmal: Dauerhafte Eigenschaft eines Individuums, die sich in unterschiedlichen Situationen in konstanten Verhaltensweisen äußert (Charakterzug).

Phallische Phase: Stadium der psychosexuellen Entwicklung, (3-5 Lebensjahr) in dem sich nach Freud die sexuelle Befriedigung auf die eigenen Geschlechtsorgane des Kindes konzentriert.

Phobie: Art von abnormer Furcht, entweder vor einem Objekt oder einer Situation, die normalerweise nicht als angstauslösend betrachtet wird, z.B. Platzangst in Fahrstühlen.

Psyche: Gesamtpersönlichkeit, bestehend aus dem persönlichen und kollektiven Unbewußten und einer großen Zahl von Subsystemen.

Psychoanalyse: Ursprünglich von S. Freud entwickelte Methode der Psychotherapie. Sie erfordert eine langfristige und intensive Erforschung der Konflikte, der Kindheitserfahrungen und verdrängten Erinnerungen des Erkrankten.

Psychose: Bezeichnung für schwere Geistesstörungen, einschließlich der schizophrenen, der manisch-depressiven und der paranoiden Reaktion, schwere Störung der kognitiven und emotionalen Prozesse, oft vorübergehende Hospitalisierung notwendig.

Sadismus: Bezeichnung für eine Form der sexuellen Perversion, bei der durch den einem Mitmenschen zugefügten Schmerz sexuelle Lustgefühle oder Befriedigung erzielt werden.

Schizophrenie: Die häufigste Art aller Psychosen (Geisteskrankheiten) ist durch extremen emotionalen Rückzug und verminderten Kontakt mit der Realität gekennzeichnet, es kommt zur Verschlechterung des sozialen Verhaltens und zu häufigen Halluzinationen.

Tiefenpsychologie: (Psychoanalyse) Mehrdeutiger, jedoch oft angewandter Inbegriff aller Versuche, Erleben und Verhalten mit unbewußten oder "tief"-unbewußten Phänomenen zu erklären.

Trauma: Jedes schädliche und angsteinflößende Erlebnis. Traumatische Erlebnisse können zu Persönlichkeitsproblemen führen.

Typologie: Allgemeine Bezeichnung für Ansätze, die versuchen, durch (meist polar angeordnete) "Typen" somatische und/oder psychische Eigenschaftskomplexe aufeinander zu beziehen.

Zwang: Hier: jede innere Macht, die das Denken und Handeln eines Menschen gegen seinen bewußten Willen bestimmt und beherrscht. Die Zwangsinhalte werden vom Ich als fremd und bedrohlich und mit dem Ich-Ideal unvereinbar empfunden. Die Zwangsvorgänge sind dem Ich bewußt und werden bekämpft, können aber nicht verdrängt werden.

Zwangsneurose: Neuroseform, bei der die Betreffenden unter hartnäckigen und beängstigenden Gedanken leiden; sie fühlen sich gezwungen, Handlungen zu wiederholen, deren Irrationalität sie sehrwohl erkennen.

F. Literaturverzeichnis

Adler, A.	Menschenkenntnis, Leipzig 1927, Neuausgabe Frankfurt am Main 1966.
Berkel, Karl	Konfliktforschung und Konfliktbewältigung, Berlin 1984.
Brandstätter, Hermann	Psychologie der Person, Stuttgart 1974.
Franzen, Erich	Testpsychologie, Berlin 1969.
Flöttmann, Holger Bertrand	Angst- Ursprung und Überwindung, Stuttgart 1989.
Glasl, Friedrich	Konfliktmanagement, Bern 1980.
Häflinger, Egon	Der aktive Betrieb, Diessenhofen 1981.
Hau, Theodor F.	Psychoanalyse heute, Stuttgart 1977.
Hoffmann, S.O.	Charakter und Neurose, Frankfurt am Main 1979.
Hofstetter, Helmut	Die Leiden der Leitenden, Köln 1988
Hugo-Becker, Annegret Becker, Henning	Psychologisches Konfliktmanagement, München 1992.
Kästner, H.	Was ist psychisch krank?, Ratgeber,(1992)1,
Kets de Vries, Manfred	Chef-Typen, Wiesbaden 1990.
Klußmann, Rudolf	Psychoanalytische Entwicklungspsychologie, Berlin 1988.
König, Karl	Angst und Persönlichkeit, Göttingen 1981
König, Karl	Kleine psychoanalytische Charakterkunde, Göttingen 1992.
Küchle, Erich	Menschenkenntnis für Manager, München 1977.
Lüscher, Max	Signale der Persönlichkeit, Düsseldorf 1988.

Lüscher, Max	Der 4-Farben-Mensch, Düsseldorf 1989.
Müller, Rolf	Menschenkenntnis im Betrieb, Zürich 1973.
Riemann, Fritz	Grundformen der Angst, München 1981
Rudolf, Gerd (Hrsg.)	Die Psychoanalyse, Schultz-Henckes, Stuttgart 1988.
Schulz von Thun, F.	Klärungshilfe, Reinbek bei Hamburg 1990.
Seibt, Friedrich	Psychoanalytische Charakterlehre, München 1977
Zaleznik, Abraham	Das menschliche Dilemma der Führung, Wiesbaden 1976.

G. Anhang: Der Charakterdiamant-Test

Der Charakterdiamant-Test dient der besseren Erkenntnis und Beurteilung des eigenen Charakterbildes und läßt den persönlichen Typ optisch erkennen und verstehen.

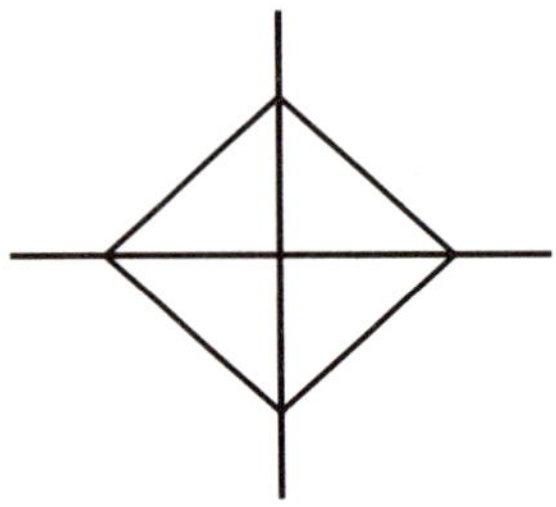

1. Vorgehensweise

Um ein unverzerrtes Ergebnis zu erhalten, gehen Sie bitte *unbedingt* in der vorgeschriebenen Reihenfolge vor und bearbeiten die nun folgenden Seiten nacheinander.

- Lesen Sie die folgenden 80 Aussagen auf den folgenden Seiten (Testbogen 1 bis 4) und markieren Sie alle Aussagen, die Sie mit "Ja" beantworten können und die auf Ihr tägliches Verhalten zutreffen.
- Wenden Sie sich bitte erst dann der Auswertung (Punkt 3) zu, wenn Sie alle Aussagen bearbeitet haben! Ermitteln Sie hierzu die Summe der Punkte U, F, B und L und tragen Sie diese als Eckwerte in das Diagramm ein.
- Vergleichen Sie Ihre gefundenen Werte mit den Musterbeispielen in Punkt 4.

2. Testbogen

Testbogen 1		
Ich liebe Perfektion und Dinge die präzise ausgeführt sind.	O	B
Einsamkeit empfinde ich als unangenehm.	O	F
Ich fühle mich wohl, wenn mein Leben einen gleichmäßigen Rhythmus besitzt.	O	B
Pläne und Regeln empfinde ich oft als Einengung und Beschränkung meines Lebens.	O	L
Terminplaner empfinde ich als eine gelungene Erfindung. Ich benutze sie konsequent.	O	B
Ich bin eher ein mißtrauischer Mensch.	O	U
Es gibt immer einen Grund ein Fest zu feiern.	O	L
Manchmal bin ich sehr vergeßlich.	O	F
In vielen Situationen fühle ich mich etwas hilflos und mutlos. Dann bin ich froh, wenn mir jemand zur Seite steht.	O	F
Manchmal gerate ich so sehr in Wut, daß ich laut werde und Dinge sage, die ich nicht so meine.	O	U
Ich habe mir im Laufe der Zeit viele liebgewonnene Gewohnheiten angeeignet.	O	B
Wenn ich will, kann ich ganz besonders charmant sein.	O	L
Wenn eine Feier, ein Urlaub oder ein größerer Kauf ansteht, mache ich mir im voraus einen genauen Plan zur Vorgehensweise.	O	B
Ich fühle mich glücklich, wenn ich meine Ruhe habe und mich niemand stört.	O	U
Den Fortschritt empfinde ich als etwas besonders Angenehmes, denn so entsteht immer wieder Neues, noch nie Dagewesenes.	O	L
Ich bin eigentlich ein Abenteurer und nehme gerne Risiken auf mich.	O	L
In der Gemeinschaft vieler Menschen fühle ich mich wohl.	O	F
Wenn mir ein Fehler unterläuft, so kann ich mich dabei sehr über mich selbst ärgern.	O	B
Arbeit macht mir Spaß. Daß man dabei auch noch Geld verdienen kann, ist ein angenehmer Nebeneffekt.	O	B
Manchmal fühle ich mich durch andere ausgenutzt.	O	F

Anzahl der jeweils markierten Buchstaben	U	F	B	L

Testbogen 2		
In meinen Tagträumen sehe ich die Welt gerne als eine glückliche, friedliche Gemeinschaft.	O	F
Auf mich kann man sich jederzeit verlassen.	O	B
Bei neuen Aufgaben habe ich schnell die Angst zu scheitern.	O	F
Oft handele ich unbedacht, ohne mögliche Folgen zu bedenken.	O	L
Disziplin gehört zu einem erfolgreichen Leben.	O	B
Ich versuche immer alle zufriedenzustellen, dabei überfordere ich mich aber oft selber.	O	F
Kompromißfähigkeit ist für mich keine besonders positive Eigenschaft, man sollte auf seinem Standpunkt beharren.	O	U
Oft weiß ich genau, wie ich andere mit bissiger Kritik verletzen kann.	O	U
Ich habe es nicht gern, wenn andere mir vorschreiben, wie ich etwas zu erledigen habe, ich mache es lieber auf meine Art.	O	U
Ich bin kein besonders geduldiger Mensch. Bei langwierigen Arbeiten verliere ich schnell die Lust.	O	L
In der Masse unterzugehen finde ich beängstigend. Ich will meine Individualität und Selbständigkeit behalten.	O	U
Ich kümmere mich gerne um meine Mitmenschen; ich werde aber auch gerne umsorgt.	O	F
Wenn ich wählen könnte, würde ich immer eine lebhafte Großstadt einem ruhigen Dorf vorziehen.	O	L
Chaos in meinem Leben, auf der Arbeit oder Zuhause empfinde ich als ganz schrecklich und gefährlich; wenn alles geordnet verläuft, fühle ich mich sicherer.	O	B
Mir macht es nichts aus, meine Meinung öfters zu ändern.	O	L
Über Menschen, die denken sie müßten immer alles planen und ordnen, kann ich mich amüsieren.	O	L
Oft zweifele ich bei Entscheidungen, ob ich die optimale Lösung gefunden habe.	O	B
Ich bin nicht gerne auf andere angewiesen, sondern lieber unabhängig.	O	U
Ich liebe die Abwechslung und hasse die Langeweile.	O	L
Ich bin nicht besonders spontan, sondern eher ein ruhiger Typ, der Dinge langsam angeht.	O	B

Anzahl der jeweils markierten Buchstaben	**U**	**F**	**B**	**L**
	3	1	0	4
	3	4	4	3
	3	4	3	4
	5	3	3	4

Testbogen 3		
Nur wenn man der echten ehrlichen Zuneigung eines Menschen sicher sein kann, sollte man ihm vertrauen.	○	U
Ich gehöre nicht gerade zu den verläßlichsten und pünktlichsten Menschen.	○	L
Sachliche , theoretische Aufgaben begreife und löse ich schnell.	○	U
Wenn ich einmal einen Entschluß gefaßt habe, so bleibe ich standhaft und lasse mich nicht wieder davon abbringen.	○	B
Ich komme nur langsam in Kontakt mit Menschen.	○	U
Eigentlich stehe ich gerne im Mittelpunkt.	○	L
Ich bin sparsam in der Wahl meiner Worte. Gespräche über belanglose Dinge finde ich unnütz und vertane Zeit.	○	U
Ich streite mich nicht gerne, darum gehe ich Konflikten meistens aus dem Weg.	○	F
Nur für eine wirklich gute Leistung sollte man belohnt werden.	○	B
Ich fühle mich schnell für vieles verantwortlich und habe das Gefühl, mich um alles kümmern zu müssen.	○	F
Menschen, die nicht sachlich, sondern emotionsgeladen diskutieren, regen mich auf.	○	U
Ich könnte mir sehr gut vorstellen eine längere Zeit alleine, z. B. auf einer Almhütte oder einer Insel, zu leben.	○	U
Viele meiner Mitmenschen empfinde ich als unverschämt und frech.	○	F
Ich kann andere Menschen motivieren und mitreißen.	○	L
Ich arbeite lieber alleine für mich und in Ruhe, als in einer Gruppe, in der ich Rücksicht auf andere nehmen muß.	○	U
In meiner gewohnten Umgebung fühle ich mich am wohlsten. Daher fahre ich auch nicht so oft in den Urlaub, sondern genieße das Leben zu Hause.	○	B
Lob und Anerkennung von anderen ist mir nicht so wichtig; entscheidender ist, wie ich mich selber finde.	○	U
Auf mich kann man sich verlassen, wenn "Not am Manne" ist.	○	F
Ich will eigentlich immer alles unter Kontrolle haben. Ich kann nur schlecht Dinge einfach laufen und mich überraschen lassen, was letztendlich dabei raus kommt.	○	B
Ich wende mich gerne wissenschaftlichen, abstrakten und technischen Themen zu.	○	U

	U	**F**	**B**	**L**
Anzahl der jeweils markierten Buchstaben				

Testbogen 4					
Meine Mitmenschen können meist vieles besser als ich. Meine Leistungen sind oft nur Mittelmaß.			O	F	
Oft weiß ich nicht recht was ich will; alles interessiert mich.			O	L	
Im Straßenverkehr halte ich mich an die Vorschriften, denn nur dann ist die Sicherheit aller gewährleistet.			O	B	
Meine Arbeitsleistungen messe ich mehr an der Anstrengung, die sie mich kosten, als an dem letztendlichen Resultat.			O	F	
Statussymbole sind wichtig, da kann man zeigen was man kann und hat.			O	L	
Viele Arbeiten kann ich am besten ausführen; andere machen es mir oft nicht gut genug.			O	U	
Lob und Anerkennung ist mir sehr wichtig, dann bin ich stolz auf mich.			O	F	
Das Positivste an Arbeit und Beruf ist, daß man dabei Geld verdient.			O	U	
Kompromisse schließen finde ich eine gute Möglichkeit um Konflikte beizulegen			O	F	
An Ideen etwas zu unternehmen oder zu erfinden, fehlt es mir nie.			O	L	
Bei Wünschen und Bitten anderer fällt es mir oft schwer "Nein" zu sagen.			O	F	
Ich würde mich eher als traditionell statt als avantgardistisch bezeichnen.			O	B	
Ich kann mich gut in andere hineinversetzen und ihre Gefühle verstehen.			O	F	
Ich lasse mich schnell mitreißen und begeistern.			O	L	
Die Zukunft hat für mich etwas spannendes.			O	L	
Nur sehr wenige Menschen verstehen mich wirklich.			O	U	
Ich neige leicht zu Übertreibungen.			O	L	
Ich frage mich oft, welche besonders negativen Folgen ein bestimmtes Vorgehen oder eine von mir ausgeführte Handlung haben können.			O	B	
Nach einem Schiffbruch auf einer einsamen Insel zu stranden und dort unentdeckt leben zu müssen, erscheint mir als ganz besonders schrecklich.			O	F	
Viele meiner Kleidungsstücke sind mir "ans Herz gewachsen". Ich trage sie, so lange es geht. Daher kaufe ich auch nicht viel Neues.			O	B	
Anzahl der jeweils markierten Buchstaben	**U**	**F**	**B**	**L**	

3. Der Charakterdiamant - Auswertung

Tragen Sie die Ergebnisse der vier Testbögen in die Tabelle ein und bilden Sie in jeder Spalte die Summe.

	U	F	B	L
Anzahl von Testbogen 1				
Anzahl von Testbogen 2				
Anzahl von Testbogen 3				
Anzahl von Testbogen 4				
Summe	**U =**	**F =**	**B =**	**L =**

Die so ermittelten Werte tragen Sie auf den entsprechenden Achsenabschnitten ab und verbinden diese Punkte miteinander. So erhalten Sie einen Charakterdiamanten, der Ihre persönlichen Ausprägungen darstellt.

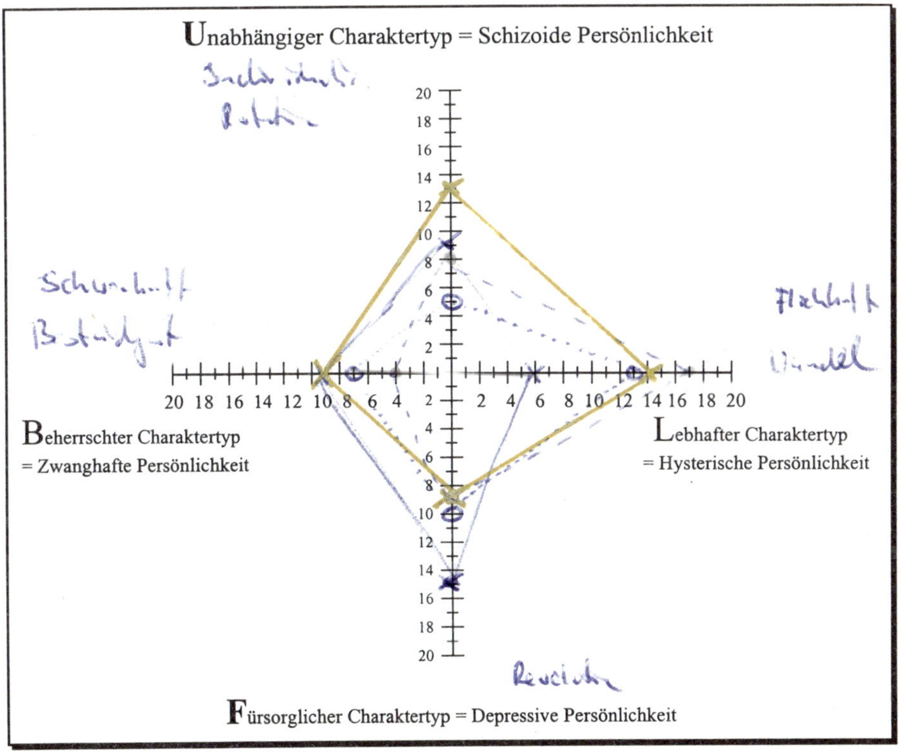

4. Der Charakterdiamant - Interpretation

- Je größer ausgeprägt in allen Richtungen der Charakterdiamant ist, desto vielseitiger ist Ihre Persönlichkeit. Gleicht die Form des Charakterdiamanten einem Quadrat, ist Ihre Persönlichkeit sehr ausgeglichen.
- Eine stark ausgeprägte Spitze zeigt auf Ihren vorherrschenden Charaktertyp.
- Die jeweils gegenüberliegenden Charaktertypen des Charakterdiamantens stellen Gegenpole dar. Sind beide Spitzen gleich stark, so läßt dies auf einen Ausgleich deren Stärken und Schwächen schließen.
- Sind zwei Pole in einer Richtung besonders stark ausgeprägt (z.B. hoher L- und F-Wert), dann dominieren diese Charaktereigenschaften. Welche Eigenschaft hierbei noch stärker ausgeprägt ist, wird zuerst genannt.

5. Musterbeispiele

Um Ihnen die Interpretation Ihres eigenen Charakterdiamantens zu vereinfachen, finden Sie auf den folgenden Seiten drei Beispiele näher erläutert.

Beispiel 1: Idealtypus ausgeglichener Persönlichkeit.

Bei diesem Charakterdiamanten sind alle vier Charaktertypen gleich stark vertreten. Dies läßt auf eine ausgeglichene, harmonische und vielseitige Persönlichkeit schließen, da sich die Schwächen der einzelnen Charaktere gegenseitig wieder ausgleichen und keine Stärken, aber auch keine Schwächen, übermäßig vertreten sind. Dieser Zustand kann als optimal angesehen werden.

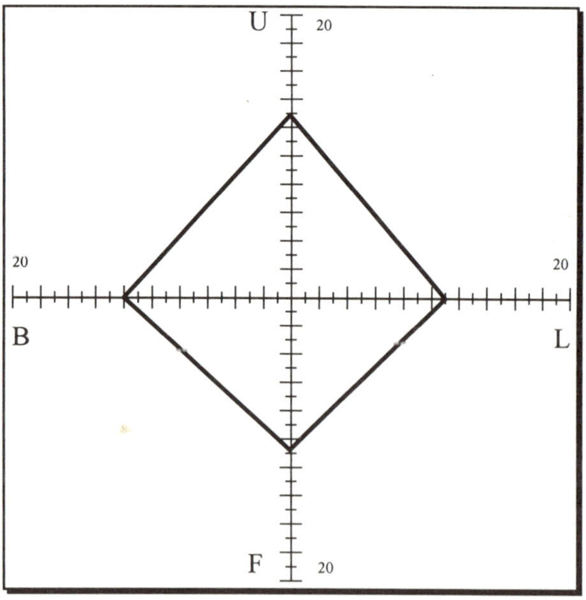

Beispiel 2: Hysterische Persönlichkeit

Dieser Charakterdiamant zeigt deutlich in Richtung des lebhaften Charaktertyps mit gleichzeitig nur einem schwachen Anteil des beherrschten Charaktertyps. Diese Persönlichkeit wird daher stark durch für diesen Typ charakteristische Eigenschaften geprägt sein. Die Ausprägungen des unabhängigen und des fürsorglichen Charaktertyps sind in einem ausgeglichenen Verhältnis vorhanden, so daß sich hier Stärken und Schwächen ausgleichen werden.

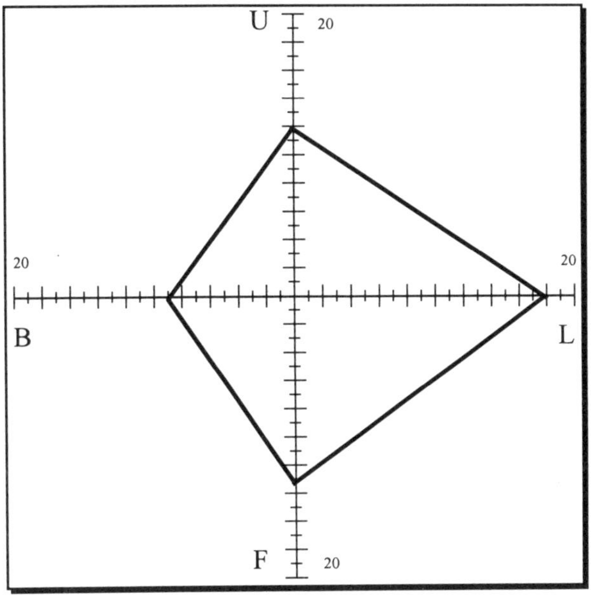

Beispiel 3: Zwanghaft depressive Persönlichkeit.

Der dritte Charakterdiamant zeigt ein Ungleichgewicht in Richtung des beherrschten und des fürsorglichen Charaktertyps. Diese beiden Charaktertypen liegen sich nicht gegenüber. Stärken und Schwächen dieser zwei Typen mäßigen sich daher nicht gegenseitig, sondern können ungehindert zur Wirkung kommen.

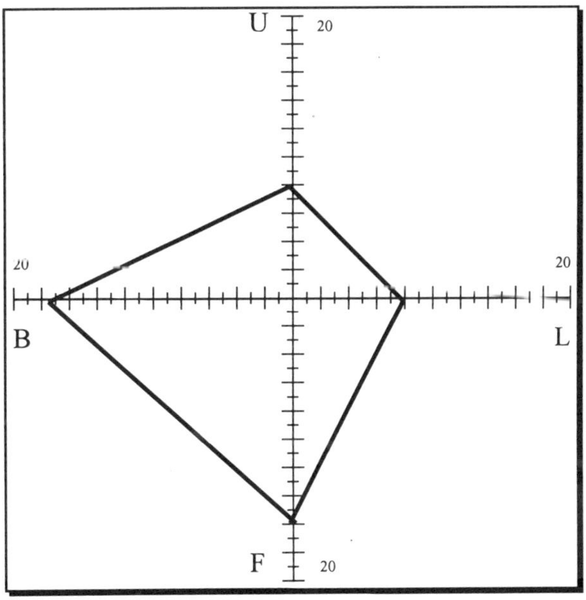

6. Kennzeichen der vier Charaktertypen

Unabhängiger Charaktertyp = Schizoide Persönlichkeit

Vermeidung von Emotionen; keine nahen persönlichen Kontakte; kühl, distanziert; sachliche Urteilsfähigkeit; außerordentliche Objektivität; „Röntgenblick"; Aggressivität; Arroganz; Unnahbarkeit; Gefühllosigkeit; fehlender Enthusiasmus; gleichgültig gegenüber Kritik und dem Schicksal; Vergangenheit und Zukunft unwichtig

Beherrschter Charaktertyp = Zwanghafte Persönlichkeit

präzise Pläne; fanatischer Dogmatismus; Vorurteile; festhalten an Traditionen; keine Veränderungen; Perfektion; entschlußunfähig; Zwangshandlungen; „Freud'sche Fehlleistungen"; konsequent korrekt; Beschäftigung mit unwichtigen Details; fehlende Spontaneität; halsstarrig

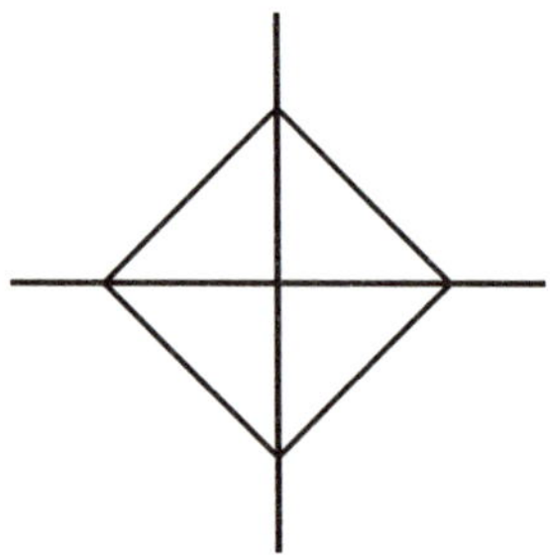

Lebhafter Charaktertyp = Hysterische Persönlichkeit

ständige Abwechslung; Freiheit; Spontaneität; „Glückspilz"; im Mittelpunkt stehen wollen; ständige Veränderung; Freiheitsdrang; geben von Versprechungen, die nicht eingehalten werden können; „Rösselsprünge" im Denken; Imponiergehabe; Starallüren

Fürsorglicher Charaktertyp = Depressive Persönlichkeit

Wunsch nach Zuneigung und menschlicher Nähe; Vermeidung von Konflikten; Vogel-Strauß-Politik; Naivität und Kindlichkeit; Konzentrationsschwäche; vergeßlich, bescheiden, friedfertig, selbstlos; geduldig; Schuldgefühle; Minderwertigkeitsgefühle; Hoffnungslosigkeit; fehlende Motivation

7. Denkweisen der vier Charaktertypen

Unabhängiger Charaktertyp =
Schizoide Persönlichkeit

„Ich will unabhängig und autark sein. Umgang mit anderen bringt mir nichts. Ich will in meiner Welt in Ruhe gelassen werden. Alle anderen machen alles falsch, nur ich weiß, was richtig ist. Ich muß alles ganz sachlich angehen. Das Schicksal anderer interessiert mich nicht."

Beherrschter Charaktertyp
= Zwanghafte Persönlichkeit

„Es soll sich nichts ändern in meinem Leben. Ich hasse das Risiko. Ich will alles regeln und ordnen. Wenn ich einmal die Kontrolle verliere, verfällt alles in Chaos. Ich darf mich nicht gehen lassen."

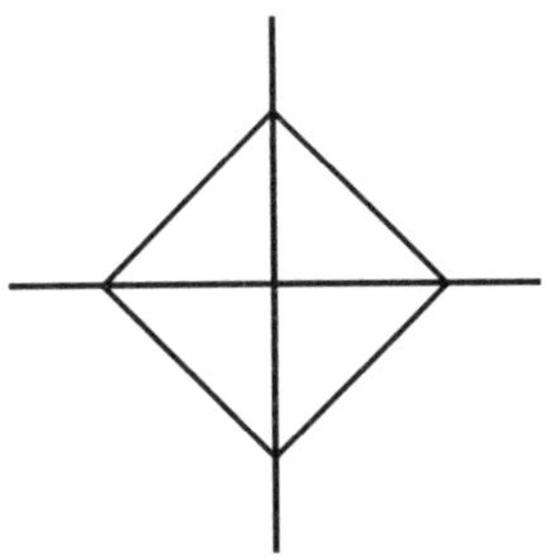

Lebhafter Charaktertyp =
Hysterische Persönlichkeit

„Ich will Freiheit und Risiko. Traditionen und konkrete Konzepte engen mich ein. Ich möchte bewundert und anerkannt werden. Ich will im Mittelpunkt stehen. Was gestern war, interessiert mich heute nicht mehr."

Fürsorglicher Charaktertyp =
Depressive Persönlichkeit

„Ich will nicht allein sein. Ich hasse Streit. Erst denke ich an die anderen, dann an mich. Ich bin dem Schicksal ausgeliefert."

8. Visionen der vier Charaktertypen

Unabhängiger Charaktertyp = Schizoide Persönlichkeit

das Maß aller Dinge; Eigenständigkeit ohne jegliche Abhängigkeit, absolute Autarkie; deutlich getrennt: Außenwelt und Innenwelt; die Realität ist ein großes Chaos und bietet keine Freude; Kontakt mit anderen bietet keinen Nutzen

Beherrschter Charaktertyp = Zwanghafte Persönlichkeit

wenn etwas vorbei ist, kann es nicht wieder zurückgebracht werden; es muß ein ständiger Schutz gegenüber allen Unwägbarkeiten des Lebens bestehen; alles sollte ewig bestehen können, Älter werden ist schrecklich

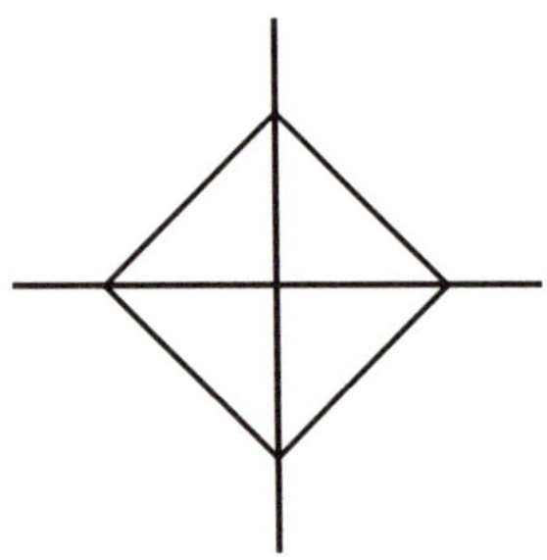

Lebhafter Charaktertyp = Hysterische Persönlichkeit

durch Wandel Veränderung; Erhalt des Freiheitsgefühls; ewige Jugend; bei Schwierigkeiten kommt immer ein helfender Retter; alle Wünsche erfüllen sich sofort; nur das Hier und Jetzt zählt; irgendwie kommt alles in Ordnung; nur der Augenblick zählt

Fürsorglicher Charaktertyp = Depressive Persönlichkeit

alle sind eine große Familie; überall sind nur Forderungen und Schwierigkeiten; das Leben ist ungerecht; es ist nutzlos, den Lauf der Dinge zu ändern

9. Gefahren der vier Charaktertypen

Unabhängiger Charaktertyp =
Schizoide Persönlichkeit

Orientierungslosigkeit in der Realität; Illusion und Wirklichkeit können nur schwer auseinander gehalten werden; Ausschluß von der Umwelt durch aggressives Verhalten; Selbstherrlichkeit; keine Erfahrung, um Kontakte herstellen zu können

Beherrschter Charaktertyp
= Zwanghafte Persönlichkeit

Entwicklung wird durch Angst vor Veränderung gehemmt, die gegen alles Neue lähmt und wird über die Jahre immer aufwendiger; durch Beschlußunfähigkeit wird der tägliche Ablauf immer mehr gelähmt; selbst auferlegte Regeln quälen und engen ein

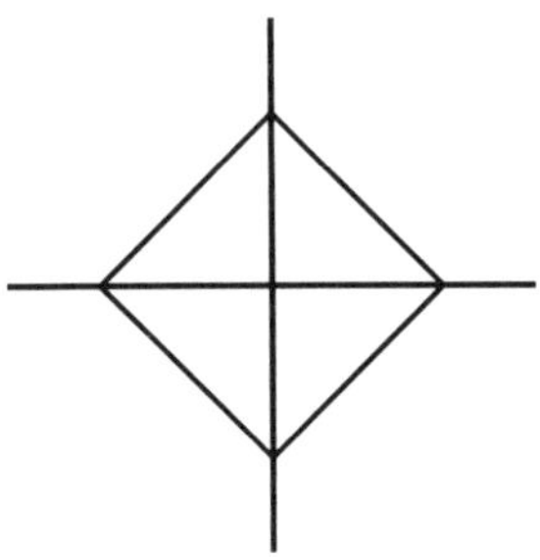

Lebhafter Charaktertyp =
Hysterische Persönlichkeit

Ursache und Wirkung stehen in keinem Zusammenhang; das leben in einer Traumwelt führt zu ständigen Schwierigkeiten in der Wirklichkeit; Unzufriedenheit mit der eigenen Person; blinder Glaube an den Fortschritt; oberflächlich; einfach zu beeinflussen; Vorfreude bestimmt die Reaktion

Fürsorglicher Charaktertyp =
Depressive Persönlichkeit

Abhängigkeit von jemandem birgt keine Garantie, diese Person ewig zu besitzen; Idealisierung von Menschen; nicht in der Lage Forderungen zu stellen oder Wünsche zu äußern; ausgenutzt werden; nicht „Nein" sagen können; extrem pessimistisch; beschlußunfähig